你所不知道的俄罗斯

主　编：张子秋　刘　雯
副主编：杜雪姣　张　菁

中国宇航出版社
·北　京·

图书在版编目（CIP）数据

你所不知道的俄罗斯 ：汉俄对照 / 张子秋，刘雯主编. -- 北京 ：中国宇航出版社，2012.5
ISBN 978-7-5159-0171-8

Ⅰ. ①你… Ⅱ. ①张… ②刘… Ⅲ. ①俄语－汉语－对照读物②俄罗斯－概况 Ⅳ. ①H359.4：K

中国版本图书馆CIP数据核字(2012)第034140号

策划编辑	于 慧	**封面设计**	艺和天下
责任编辑	于 慧	**责任校对**	卢 珊 倪 佳

出版发行	中国宇航出版社		
社 址	北京市阜成路8号	**邮 编**	100830
	（010）68768548		
网 址	www.caphbook.com		
经 销	新华书店		
发行部	（010）68371900		（010）88530478（传真）
	（010）68768541		（010）68767294（传真）
零售店	读者服务部		北京宇航文苑
	（010）68371105		（010）62529336
承 印	三河市君旺印装厂		
版 次	2012年5月第1版		2012年5月第1次印刷
规 格	787×960	**开 本**	1/16
印 张	14.5	**字 数**	200千字
书 号	ISBN 978-7-5159-0171-8		
定 价	29.80元		

本书如有印装质量问题，可与发行部联系调换

前 言

世界的每一个角落，都有着不同的阳光和风景；世界的每一片区域，都有着不同的居民与生活；世界的每一个国家，都有着不同的传统与特色。由于环境因素和历史发展的不同，各国的风格各异，各具特点。世界之大，使人们对其他的国家和居民充满了好奇的向往和求索的渴望。此次，让我们走近俄罗斯——这个坐落在北方广阔寒地上的国家，看一看她千年的过往，品一品她特色的佳肴，读一读她精神的诗篇，游一游她斑驳的古城。

提到俄罗斯，人们首先想到的一定是她那广袤的国土、强大的军事、寒冷的天气和丰富的资源。而事实上，这个国家同样吸引人的还有她十分独特的、充满斯拉夫民族气息的文化底蕴。中俄两国在近现代有着诸多的交集，由于历史原因或者兴趣爱好，加上近几年来中俄国家年、国家文化年的举办，两国的文化交流逐步加深，人们越来越多地开始关注这个北方的邻邦。尽管如此，相信有许多读者对这个国度的文化仍觉陌生，仍感遥远；抑或听说过这个国家的两三事，却了解得尚显片面。那么，这本书便是近距离欣赏俄罗斯的文化元素，从多角度了解俄罗斯文化生活的不二选择。

《你所不知道的俄罗斯》全书共八章，每章有围绕相应主题的美文四至五篇，从俄罗斯的各色文化现象着眼，涵盖了俄罗斯民族饮食文化、服饰文化、政治宗教、文学教育、历史名城、艺术体育、民俗工艺、国情地标等方面的阅读材料和知识介绍，是一本既适合俄语学习者、爱好者品读，又适合希望了解俄罗斯文化的读者涉猎的双语阅读书。在材料内容选择上，一方面根据文章编纂的线索，按照历史时间、领域分类或知识层次进行材料的拆分与整合，将有阅读价值的观点和知识呈现出来；另一方面立足于读者的兴趣需求，对伏特加、套娃、天鹅湖等较为知名事物的特色和渊源进行更加深入的介绍。

在每篇文章中，我们标注了较难理解的生词，并在文章后附上单词表，给出单词在文章中所取的词义或常用义；在字里行间插入了更加直观的插图，增加阅读的趣味性，扩大读者的想象空间；在每篇文章后配有相关的文化链接，内容或是紧扣主题的背景描述，或是追根溯源的历史补充，或是与时俱进的最新信息，向读者介绍有趣的知识或见闻。

俄罗斯这个国家的故事固然不是一两句语所能言之，此书旨在向读者讲述俄罗斯文化生活的同时，为读者抛砖引玉，便于进一步探寻所感兴趣之人、之事、之物。由于编者水平有限，对俄罗斯文化的理解与描述或有拿捏尚不到位之处，敬请广大读者批评指正。需要指出的是，由于俄语与汉语的语序常有差异，加上文章意译的需要，因此在文章中俄汉文字的对应上不尽完美，还望海涵。最后，十分感谢读者对本书的厚爱和青睐，衷心希望读者能够在书中读出一个经典、有趣、充满特色的俄罗斯。

目录

第1章　吃饱喝足

第2章　橱窗里的风情

第3章　克里姆林宫的钟声

第4章　大师与玛格丽特

第5章　城市画报

第6章　雅俗共赏的艺术

第7章 巧夺天工的工艺品

第8章 边走边看

第1章 吃饱喝足

1. 黑面包之乡
2. 克瓦斯与伏特加共舞
3. 土豆的第二故乡
4. 俄罗斯的用餐礼仪
5. 罗宋汤和鱼子酱的风情

1 吃饱喝足

1 Родина чёрного хлеба

«В армянской деревне, выстроенной в горах на берегу речки, вместо обеда съел я проклятый чурек, армянский хлеб, испеченный в виде лепешки пополам с золой, о которой так тужили турецкие пленники в Дарьяльском ущелье. Дорого бы я дал за кусок русского чёрного хлеба, который был им так противен», - А.С.Пушкин.

Издавна у славян существовал обычай: люди, преломившие хлеб, становятся друзьями на всю жизнь. Хлеб называется по китайский “Да леба”, Хлеб - посол мира и дружбы между народами, остается им и ныне. Изменяется жизнь, переоцениваются ценности, а хлеб-батюшка, хлеб-кормилец остаётся самой большой ценностью

1 黑面包之乡

“在亚美尼亚那前山后水的小村庄里，一顿饭就用一张万恶的高加索饼、一片亚美尼亚面包来打发，那面包烤得像掺着土灰的饼，让达利娅峡谷的土耳其俘虏吃得愁眉不展。如果能有一片俄罗斯的黑面包那该有多好啊！”——普希金

自古以来在斯拉夫民族流传着这样一个习俗：吃同一个面包，做终生朋友。面包——中国人常称为“大列巴”，至今仍是各民族间和平和友谊的使者。时代在变，人们的价值观在变，但大列巴老兄仍是俄罗斯最

в России. К хлебу русские люди всегда относились с большим почтением, дорогих гостей встречали хлебом и солью, а во время свадебной церемонии молодожены клали руки на хлеб.

Хлеб отличается от других хлебов своими цветом и приятным запахом, аппетитным видом и вкусом она удивила человека. Она имеет долгую историю, и является самой популярной и уважаемой пищей в России.

На территории России издавна большим спросом пользуются хлеб московский, ленинградский, орловский, ставропольский из ржаной, ржано-пшеничной и пшеничной муки. В центральной части и северо-западных районах предпочитают ржаной и пшеничных хлеб, в восточных, южных и юго-западных — в основном пшеничный.

Чёрный хлеб готовится из ржаной муки с небольшим добавлением пшеничной. Он гораздо полезнее, чем белый, в нем больше витаминов и микроэлементов. Но черный хлеб противопоказан при повышенной кислотности и изжоге, обострении язвы желудка и двенадцатиперстной кишки; с осторожностью следует употреблять его при

大的一笔财富。俄罗斯人对大列巴的崇敬之情也从未改变。他们用大列巴和盐款待贵客，在婚礼上新婚夫妇也要把手放在面包上行礼。

大列巴因其颜色独特、香味怡人、外表馋人、味道可口而与众不同。大列巴历史悠久，在俄罗斯是深受人们喜爱和尊敬的食物。

长期以来，在俄罗斯境内莫斯科、列宁格勒、奥尔洛夫，斯塔夫罗波尔地区以黑麦粉、小麦粉、黑麦小麦混合面粉为原材料制作的大列巴颇受欢迎。在俄罗斯中央区和西北部地区人们更偏好黑麦面包和小麦面包，而在东部、南部和西南部地区则以小麦面包为主。

黑面包的主要原料是黑麦面粉，同时添加少量小麦面粉作为配料。黑面包比日常所吃的白面包更有益健康，含有丰富的维他命和微量元素。但是胃酸过多、胃溃疡、胃灼热、十二指肠溃疡的患者不宜食用黑面包，肝胆疾

болезнях печени и желчного пузыря.

Чёрный хлеб—русский национальный хлеб, душа российского хлебопечения. Чёрный хлеб оказал прямое влияние на историю развития Древней Руси. Связано это с тем, что по западному (католическому) обычаю нужно было питаться пресным белым хлебом, но русские люди привыкли к квасному (кислому) черному хлебу, и когда в IX веке католическая церковь стала давить на Русь, православная Византия поддержала её в этом вопросе. Этим, возможно, предопределив путь, по которому начала развиваться Русь.

К чёрному хлебу относятся: ржаной хлеб из обойной, обдирной и сеяной муки, а также ржано-пшеничный хлеб (с преобладанием более 50% доли ржи). Уже в средние века появились такие сорта черного хлеба, как заварной, бородинский, красносельский. Поистине интересна история появления бородинского хлеба. После битвы на Бородинском поле вдова погибшего генерала Тучкова основала Спасо-Бородинский женский монастырь. Хлебопечение – одно из традиционных занятий при монастырях. Служительницы Бородинского монастыря изобрели новый сорт ржано-пшеничного

病患者也应注意不要过多食用黑面包。

黑面包是俄罗斯民族特有的面包，是俄罗斯面包的灵魂，它直接影响了古代俄罗斯的历史发展轨迹。当时信仰天主教的西方国家普遍食用甜淡味的白面包，而俄罗斯人则习惯吃酸味的黑面包，正因如此，在9世纪西方天主教会势力开始打压古罗斯国家，驱除异己，这时古罗斯得到了信仰东正教的拜占庭帝国的支持，这或许也为古罗斯指明了前进道路，由此国家走上了发展之路。

黑面包种类繁多，按面粉种类主要可以分为全麦黑麦面包和黑麦小麦混合面包（其中黑麦占50%以上）。有些品种的黑面包从中世纪就开始广为流传，比如扎娃儿诺面包、博罗吉诺面包和红村面包。值得一提的是，博罗吉诺面包的诞生充满传奇性和趣味性。博罗吉诺战役结束后，在战争中英勇牺牲的图奇克夫将军的遗孀在博罗吉诺地区开设了博罗吉诺救世主女修道院。而面包烘培正是修道院的传统课程之一。博罗吉诺修道院

хлеба, долго не черствеющего, заварного, который впоследствии назвали «бородинским». Паломники, посещающие монастырь, приобретали этот хлеб, распространяя его по всей земле русской. Сейчас на хлебозаводах существует своя рецептура приготовления и выпечки этого хлеба, сохраняющая многовековые традиции.

Бородинский хлеб как один из самых любимых сортов хлеба в России, можно есть с чем угодно, но лучше всего - с кружкой кефира. «Райское наслаждение», даже российский человек так говорит. Можно положить на него кусок ветчины, поджаренную сосиску, кусок сыра, кучу варенья, меда, пофигу - с маслом. Бородинский хлеб пробуждает фантазию, заставляет вдуматься. Жевать его надо медленно.

Рецептура на хлеб бородинский: Мука пшеничная, Мука ржаная обойная, Солод ржаной, Дрожжи, Соль поваренная пищевая, Сахар-песок, Патока, Кориандр.

В настоящее время наметилась тенденция сокращения посевов ржи, так необходимой для выпечки настоящего русского хлеба. Если в 1991 году площадь посевов составляла 300 тысяч

的修女们在这里发明了一种新的黑麦小麦面包，这种面包用烫面做成，很久都不会变干变硬，后来人们称作“博罗吉诺面包”。来修道院朝圣的人尝到这种面包，就把它在俄罗斯的土地上推广开来。现如今，很多面包工厂都有自己独特的、传承久远的面包配料和烤制配方。

博博罗吉诺黑面包作为俄罗斯最受人喜欢的面包之一，可以随便与任何一种食物搭配着吃，但最棒的是配一杯酸奶。俄罗斯人甚至将其形容为“天堂的享受”。也可以在面包中加入一片火腿、一根炒灌肠、一片奶酪、几勺果酱或者蜂蜜。细细咀嚼，它会唤醒你的想象力，引你深思细想。

博罗吉诺黑面包的制作原料主要有：小麦面粉、黑麦面粉、黑麦麦芽、酵母、食用盐、砂糖、麦芽糖、香菜。

目前，用于制作正宗俄罗斯大列巴的黑麦播种量呈下降趋势。1991 年黑麦的种植面积为 30 万公顷，而 2004 年黑麦种植面积锐减

га, то в 2004 – только 55 тысяч га. Возможно, это модные веяния Запада. А, может, все дело в выгоде. Чёрный хлеб все-таки дешевле белого, значит, и прибыли меньше. Но забывать о многовековых традициях русского хлебопечения никак нельзя. Поэтому ешьте и наслаждайтесь вкусом истинно русского чёрного хлеба.

至 5.5 万公顷。或许这是由于西方世界的影响；又或许就是因为利益。毕竟，黑面包的价格比白面包要便宜，也就是说利润更少。但是，俄罗斯历史悠久的传统面包生产工艺不应抛弃。因此，请品尝和享用俄罗斯黑面包的美味吧。

单词释义

проклятый	万恶的，该死的
пленник	俘虏，囚徒
посол	大使，使者
соль	盐
запах	气味，气息
пища	食物，食品
мука	面粉
ржаной	黑麦的
пшеничный	小麦的，用麦子做的
микроэлемент	微量元素
влияние	影响（因素）
пресный	不含盐的，淡的，味淡的
сорт	种类，品种
битва	会战，大战
изобрести	发明
впоследствии	后来，以后
рецептура	配方
наслаждение	十分快乐，喜悦，享受，满足
жевать	咀嚼
посев	播种地，庄稼，种植面积

文化链接

博罗吉诺（Бородино）1949 年建立，1981 年设市，是俄罗斯克拉斯诺雅尔斯克边疆区东部的一个城市，距区府克拉斯诺雅尔斯克 186 公里。2002 年，博罗吉诺市的总人口仅为 19,181 人。这样一个小城市，却在俄罗斯境内乃至世界享誉盛名，一个原因来自于 1812 年那场著名的博罗吉诺战役，当时横扫欧洲的拿破仑企图征服广袤的俄国，却出人意料地在这里被俄罗斯军队打得落荒而逃，最终大败而归。另一个原因则得益于餐桌上那不起眼的博罗吉诺黑面包。

战争与面包，是博罗吉诺的两面旗帜。因为战争，博罗吉诺才出现了其独特的博罗吉诺黑面包。博罗吉诺黑面包的发明者，又是博罗吉诺战役中牺牲的俄罗斯军官的遗孀。

面包是由埃及人在公元前 6000 年发明的，再通过希腊传入罗马，经过三个古老文明的改良传到欧洲大陆，直至现代，面包制作工艺已经相当精湛，并结合了各地的特色，面包覆盖的范围也遍布世界各个角落。中世纪的欧洲人一般都吃粗糙的黑面包，最初白面包只用于教堂仪式，因为只有修道院和寺院中才有烘炉。随着烘炉逐渐为富人阶级了解，白面包便登上了特权阶级的餐桌，成为财富的象征。

博罗吉诺黑面包就是在众多平凡的黑面包中升华而来的精品。1840 年，在博罗吉诺战役中痛失丈夫的图奇科娃成为了博罗吉诺救世主修道院的第一任院长，图奇科娃院长和她的修女们在烘烤黑面包的时候加入了博罗吉诺特有的小茴香，于是生产出了一种能让人百吃不厌的黑面包。出于对博罗吉诺战役的敬仰，和对博罗吉诺这块土地的热爱，人们约定俗成地把这种口味独特又非常耐放的黑面包叫做博罗吉诺黑面包，从此名传遐迩。

博罗吉诺：战争与面包

博罗吉诺黑面包与俄罗斯黑土地是一脉相承的，同样的黑色，同样的结实，同样的富有内涵。它是雅俗共赏之物，包装精美且打着博罗吉诺商标的黑面包，被空运到纽约、罗马和巴黎，让身处异乡的俄罗斯后裔倍感亲切，也让世界各国人民领略到俄罗斯的异域风情；没有包装、不起眼的博罗吉诺在俄罗斯老百姓的橱柜里，是每顿必吃的粮食，刚烤出来的博罗吉诺面包香而不腻，咬第一口觉得咸涩，细嚼之下又能品出些甜味。

总有些人不喜欢性格刚硬的俄罗斯人，觉得这个军事大国的人民显得过于孤傲自大。其实，俄罗斯人的性格也与这黑面包有千丝万缕的联系。俄罗斯人是吃着黑面包打了无数胜仗的。这坚硬的黑面包正如他们钢铁般的性格，外表刚强而内涵丰富，有时候显得冷漠但从不虚情假意。

或许，有些事不足为外人道。总要有心人，沉得住气，乐于买一块地道的黑面包细细嚼一嚼，方能知道其中真正的韵味。

2 Квас и водка

У каждого народа свои любимые напитки. Китайцы предпочитают чай, немцы — пиво, американцы — кока-кола, французы — красное вино, итальянцы — минеральную воду. Национальными напитками русского народа являются квас и водка.

Русский квас — один из лучших безалкогольных напитков. Первое письменное упоминание о квасе находится в летописи «Повесть временных лет» (986 г.). По случаю крещения киевлян князь Владимир приказал раздать им пищу и напитки —«мёд в бочках, а в других квас возить по городу». Таким образом, русскому квасу уже более тысяч лет. А сколь широко было распространено квасоварение в России, свидетельствует работа врача Л. И. Симонова, изданная в 1898 году, в которой автор писал: «... Варение кваса распространено у нас так же, как и хлебопеченье: его варят в мужицких, мещанских, купеческих и барских хозяйствах, в монастырях и солдатских казармах, госпиталях и больницах; в городах существуют квасоварни и квасовары,

2 克瓦斯与伏特加共舞

每个民族都有自己喜爱的饮料。中国人比较喜欢喝茶，德国人中意啤酒，美国人热爱可口可乐，法国人偏爱红酒，意大利人酷爱矿泉水。俄罗斯的民族饮料则是克瓦斯和伏特加。

俄罗斯的克瓦斯是上好的非酒精饮料之一。据说，最早有关克瓦斯的文字记录载于《往年纪事》(公元986年)。在基辅人洗礼之际，大公弗拉基米尔下令向所有的人分发食物和饮料——“用木桶装蜂蜜，用别的容器运送克瓦斯给全城的百姓”。由此算来，俄罗斯的克瓦斯已有上千年历史。至于克瓦斯酿造在俄罗斯的普及程度，可以通过列·伊·西蒙诺夫医生发表于1898年的著作证明“……克瓦斯酿造的普及程度不亚于烤制面包：在农夫、小市民、商人和贵族家中，在寺庙中，在士兵的营房中，在部队医院和普通医院中，人们都会酿造克瓦斯，在城市中存在有克瓦

приготавливающие квас для продажи. Врачи наши считают квас гигиеничным и полезным напитком не только для здоровых, но и для больных. В последнее время врачи начинают обращать внимание на русский квас и рекомендовать его Западной Европе».

Достоинства кваса обусловлены наличием в нём экстрактивных и ароматических веществ, образующихся в квасе на различных этапах его приготовления — настаивании, брожении и т. п. Благотворное влияние кваса на процессы пищеварения у человека объясняется присутствием молочнокислых бактерий, благодаря которым при сбраживании образуется молочная кислота. Поэтому квас вызывает такое же действие, как и кисломолочные продукты. Квас питателен, в нём содержатся легкоусваиваемые сахара, витамины и другие вещества.

Квас любят в очень вкусном и освежающем русском национальном блюде —окрошке, часто применяли его и в другом блюде русской кулинарии —ботвинье. При потреблении вкусного «добротного» и «щекочущего» кваса не появляется желание пить крепкие спиртные напитки и опьяняющее пиво.

斯作坊和酿克瓦斯的人，他们酿造克瓦斯用于出售。医生认为克瓦斯合乎卫生，对于健康的人和病人均为有益的饮料。近年来，医生们开始关注俄罗斯的克瓦斯，并将其推荐到西欧。”

克瓦斯的优点在于其中含有萃取而出的芳香物质，这些物质形成于克瓦斯制造过程中的不同阶段——浸泡、发酵等。克瓦斯中存有乳酸菌，乳酸菌发酵形成乳酸，克瓦斯的功效如同乳酸制品一般，对人体消化有良好的作用。除此之外，克瓦斯营养丰富，且饱含易于吸收的糖、维他命和其他物质。

人们喜欢将克瓦斯应用于美味清新的传统俄罗斯菜肴——冷杂拌儿汤，并经常将其运用于另一种俄罗斯菜品——波特文亚冷食的烹制过程。喝过优质且味道鲜明的克瓦斯之后，人们再也无心尝试浓烈的酒精饮料和醉人的啤酒。

Если вы спросите в любой стране мире, с чем ассоциируется русский алгокольный напиток, в девяти случаях из десяти вам скажут, что с водкой. Действительно, водка - это самый известный атрибут русской культуры. Живущий в суровом северном климате русский человек, всегда любил хорошо выпить, а самые важные события в жизни, будь то свадьба или проводы в дальнюю дорогу, рождение нового человека или поминовение ушедшего в мир иной, вообще никогда не обходились и не обходятся без водки. Известный русский писатель Виктор Ерофеев в эссе о водке "Русский Бог" утверждает, что открытие водки окутано чуть ли не мистической тайной. Он приводит одну из легенд, согласно которой впервые водку изготовили монахи в московском Кремле в конце 15 века. А само слово "водка" появилось в 17 веке и скорее всего является производным от "воды". До этого этот напиток называли по-разному: вино (хлебное вино), горящее вино, горькое вино и т.д.

А как приготовить водку? Вначале русские использовали спирт, привезенный из Генуи, а затем стали готовить водку из местного хлебного спирта и мягкой родниковой воды.

在世界任何一个国家，如果您向人询问最先想到的俄罗斯酒精饮料，十有八九的人会告诉您是伏特加。的确，伏特加是俄罗斯文化最有名的标志性事物。身居气候寒冷的北方，俄罗斯人总是喜爱开怀畅饮，在人生重要的日子里——结婚日或者送别日，新生儿的生日或者悼亡日，几乎没有一个日子能少了伏特加。俄罗斯著名的作家维克多·叶罗菲耶夫在其有关伏特加的散文《俄罗斯上帝》中指出：伏特加的发明好似被遮上了一层神秘的外衣。他引入了一个传说，传说有云，最早的伏特加酒于15世纪末在克里姆林宫中由僧人制作而成。而“伏特加”一词本身出现于17世纪，确切地说，“伏特加”是“水”的衍生词。在这之前，其被称为酒（粮食酒）、热酒和苦酒等。

人们如何制造伏特加呢？起初，俄罗斯人利用来自热那亚的酒精，后来人们使用当地的谷物酒精和软泉水制作伏特加。伟大的化学

Отцом русской водки считается великий химик Дмитрий Менделеев, который доказал, что водка должна быть 40-градусной. Он доказал, что именно такая пропорция спирта и воды дает наибольшее количество тепла и меньше обжигает пищевод.

И как пить водку? В России сформировалась определенная культура пития водки. Так рекомендуется водку:

1. Пить в холодное время года;

2. Пить в хорошей компании, а не в одиночку;

3. Пить по серьезному поводу;

4. Охлаждать перед употреблением до 8-10°С;

5. Подавать к столу в водочном графинчике (но можно и в бутылке или другой специально приготовленной посуде);

6. Пить из водочных рюмок вместимостью не более 50 г;

7. Пить понемногу, маленькими глотками, давая напитку возможность омывать всю полость рта (пить водку быстро, залпом, считается дурным тоном);

8. Не смешивать с другими алкогольными

化学家德米特里·门捷列夫被称为俄罗斯伏特加之父，他证实：伏特加应该为40度。他得出，酒精和水以此种比例混合制成的伏特加酒能在最大限度上温暖身体，并且对食道的烧伤要少一些。

伏特加酒应该怎样喝呢？在俄罗斯已经形成了一种特定的伏特加品尝文化。一般建议按照如下方式饮用伏特加：

1. 在寒冷时节饮用；

2. 饮用优秀企业的产品，而非个体作坊的产品；

3. 饮酒的理由要郑重严肃；

4. 饮用前将酒冷却到8~10℃；

5. 用专用的长颈玻璃瓶装酒上桌（也可用玻璃瓶或其他专制的容器）；

6. 用容积不超过50加仑的伏特加高脚杯饮酒；

7. 少量饮用，小口品尝，尽可能使酒沾染到口腔的每一寸（快速地饮酒和一口干地做法皆被视为愚蠢的行为）；

8. 不要与其他酒精类及非酒

или безалкогольными напитками (или их компонентами);

9. Пить в меру, контролируя себя;

10. Закусывать специальными холодными и горячими закусками.

Квас и водка, как символы российской культуры, их почти можно включить в число главных напитков мира, наряду с чаем, кофе, какао, кисломолочными напитками; и география их распространения будет неуклонно расти. Если вам случится побывать в России, то обязательно попробуйте!

精类饮料混合饮用（或者它们的某种成分）；

9. 控制自身，适量饮酒；

10. 伴随食用专门的凉菜和热菜。

克瓦斯和伏特加作为俄罗斯文化的象征，几乎被纳入世界主要饮料之列，与茶叶、咖啡、可可、乳酸饮料并驾齐驱，它们的普及范围必将扩大。如果您有机会去俄罗斯，一定要品尝一下！

单词释义

напиток	饮料
безалкогольный	不含酒精的
упоминание	记述，记载
свидетельствовать	证明，证实
достоинство	优点，长处
образоваться	形成，构成，出现
пищеварение	消化
вещество	物质
кулинария	烹饪，菜肴
атрибут	典型特征，固定标志
поминовение	祈祷
химик	化学家
доказать	证明，证实
вместимость	容量，容积
полость рта	口腔
смешать	把……搅拌在一起
закусить	下酒，就着……吃
наряду	与……同样地，一样地
кисломолочный	酸奶的，酸乳的
неуклонно	一贯地，持续不断地

文化链接

众所周知，彼得一世是俄罗斯历史上一位推进改革、励精图治的沙皇，他到欧洲学习先进的技术和文化礼仪，回国后进行改革，改组军队、发展经济、变革国家生活与文化，使封闭、保守的俄国转向了欧洲，在很短的时间内在工业生产、教育和陆海军建设等方面都取得了重大突破，扭转了俄国经济、政治、文化发展水平远远落后于欧洲其他国家的局势，开创了俄国历史的新纪元。那么，伟大的彼得一世与俄罗斯的国酒伏特加之间，又有着怎样的故事呢？

彼得一世与伏特加

自伏特加在俄罗斯出现之后，慢慢地在国民中推广和传播着，但它成为全国性的饮品还是在彼得一世时期。彼得一世本身就喜爱喝酒，一天可以豪饮 36 杯，这在一定程度上给不同阶层的国民做了一个喝伏特加的表率。对于俄罗斯的军人来说，酒是不可或缺的，军人的豪放气魄靠酒，军队的进攻气势靠酒，军队领袖的决断勇气也靠酒。根据彼得一世在 1716 年颁布的法令，军队士兵每天可以得到约 1.5 升、度数为 15~18 度的伏特加补给。除了这些军人之外，所有在彼得堡建房、修路、造船的工人和码头搬运工每天能得到 1 查尔卡（约 0.123 升）的伏特加，普通居民也能喝到公家小酒店制造的低质量伏特加酒，而且是免费的。据说彼得一世甚至不用刑罚来处罚犯人，而是用高烈度的伏特加灌醉他作为处罚手段。在这段时期，喝伏特加已经发展为一项全民的活动。当时不仅出现了大量的酒屋和酒吧，还有原始形式的酒店，那时候俄罗斯全国的大小城市加起来有 280 个，但酒馆竟然有 3,000 多个，伏特加的普及和人们对它的热爱可见一斑。

彼得一世统治时期，伏特加不仅在国内推广，在国外也是声名远扬，这主要得益于彼得一世的政策调整。从 1716 年开始，彼得一世放宽了对酿酒业的限制，取而代之的是对他们征收税费，其中也包括酿酒蒸馏设备和酿酒原料的税费。原因显而易见，国库需要酿酒业带来财富，以补充军饷和其他财政支出。此举取得了很好的效果，俄罗斯酿酒业迅速发展起来，酿酒工艺也显著提高，从而进一步增加了内销和出口，每年俄罗斯国库的收入有相当大的一部分都来源于伏特加的销售。

可以说，在彼得一世的鼓励和推动下，伏特加的地位和影响范围产生了历史性的飞跃，这为伏特加日后成为举世公认的俄罗斯国酒奠定了深厚的历史基础。酷爱喝酒，又使酒为我所用，可见这位历史著名君王的雄才大略。伏特加发展到如今，已经在人们心中形成了一个多元化的印象，既有人称赞它是俄罗斯人的活力之源，也有人关注一些俄罗斯人的嗜酒现象，而当时的彼得大帝又能否预料得到呢？无论如何，在伏特加的发展史上，这位沙皇早已留下一道深刻的印记，并流传至今。

3 Вторая родина картофеля

Картофель используют в огромном количестве блюд, а картофель в виде гарнира известен по всему миру и используется в блюдах многих национальностей мира. Все в мире знают, что русские очень любят картофель. Картофель в России — основной продукт питания. В России включает более 260 сортов картофели. Как говорят, картофель — это "второй хлеб" для русских. Трудно найти более обычное растение кроме него, как хлеб.

Название "картофель" пришло в Россию из Германии, а сама картофель родом из Южной Америки. Когда западно-европейские народы уже во всю культивировали картофель, россияне обходились репой. Петр I положил начало разведению картофеля в России. Петр I, познакомившись с картофелем в Голландии и оценив его, послал в Россию первую партию картофеля со строгим наказом разослать по всем губерниям для выращивания. С этой партии картофеля и началась история русской картошки. Однако

3 土豆的第二故乡

土豆在大量菜肴的烹调过程中被使用，而它作为配菜更是世界闻名，在世界很多国家的菜肴中都有它的身影。俄罗斯人喜爱土豆是全世界闻名的，土豆在俄罗斯是最主要的食品。在俄罗斯有260多个品种的土豆。人们常说，对俄罗斯人来说，土豆就是“第二面包”，除了面包之外很难再找到比土豆还普遍的作物类食物了。

“土豆”这个名字是从德国传到俄罗斯的，而土豆本身则起源于南美。当西欧的人们已经在四处种植土豆的时候，俄罗斯人还在将就种着芜菁。彼得一世开创了在俄罗斯种植土豆的先河。他在荷兰了解了土豆并看到它的价值之后，往俄罗斯发去了第一批土豆，并严令所有的省城分发种植。从这一批土豆起，开创了俄罗斯土豆的历史。然而彼得大

этой прекрасной идеи Петра I не было суждено осуществиться при его жизни. Нет никаких сведений о судьбе этой царской посылки. Даже в конце XVIII века картофель был еще мало известен кулинарам России, и образованнейшие люди того времени относились к нему с опасением.

Картофель - сравнительно недавний продукт в России. Привычное для русских место на русском столе картофель начал занимать только в начале XIX века, вытесняя ранее применявшуюся в том же качестве репу. В то время в одной из статей журнала, посвященной картофелю, говорилось, что картофель - это приятное и здоровое кушанье. Постепено русские люди узнали о пользе картофеля. Люди заметили, что из картофеля можно печь хлеб, варить каши и готовить пирожки. Еще одно полезное качество картофеля — высокое содержание калия в кожуре. Это полезно для тех, у кого есть проблемы с сердечно-сосудистой системой. Чтобы получить как можно больше пользы от картофеля — его нужно варить или запекать «в мундире» предварительно тщательно вымыв шкурку.

Всего несколько десятилетий после того, как картофель признали в народе, потребовалось

帝这个美好的想法终其一生也没能实现。他的这次土豆发放之后便像石沉大海一般，杳无音讯。甚至到了 18 世纪末俄罗斯的厨师们仍然对土豆了解不多，而当时知识最渊博的人们则对这种作物充满了种种顾虑。

土豆算是在俄罗斯出现较晚的食品，它正式在俄罗斯人的餐桌上占有一席之地时已经是 19 世纪初，取代了之前的芜菁。当时有一篇叙述土豆的杂志文章提出，土豆是可口健康的食品。俄罗斯人开始渐渐了解土豆的好处，他们发现土豆可以用来烤面包、煮粥和做小馅饼。土豆还有一个优点，那就是在土豆皮中含有大量的钾，这对有心血管系统疾病的人十分有益，因此为了保证尽可能多的吸收营养，在烹饪土豆的时候应该预先将外皮清洗干净，不削皮直接煮或烤土豆。

经过了几十年，土豆已经被人们所熟知，并引发了俄罗斯菜

ему, чтобы произвести настоящий переворот в русской кухне. Он стал продуктом, необходимым для всех слоев российского общества, - картофель охотно ели и богатые и бедные. Даже Пушкин часто угощал печеными картофелями своих гостей. Правда, с той разницей, что для малообеспеченных семей рабочих и крестьян, особенно в годы хлебных недородов, он становился почти единственной пищей. Недаром в народе сложилась пословица: «Картофель - хлебу подмога». Особенно быстро стали увеличиваться площади под картофель в 1840—1842 годах. 24 февраля 1841 года вышло распоряжение российского правительства «О мерах к распространению разведения картофеля». Тиражом в 30 000 экземпляров по всей России разослали бесплатные наставления по правильной посадке и выращиванию картофеля. Ежегодно всю информацию о выращивании картофеля губернаторы отсылали в Петербург. К концу XIX века в России им было занято более 1,5 млн га. Таким образом Россия стала «второй родиной» картофеля. Сейчас, пожалуй, уже нет более всенародно любимого «русского» овоща, чем картофель.

Как используют русские люди картофели?

系的重大改变，成为了今天这个样子。土豆成为了俄罗斯社会各阶层人民不可或缺的食品，无论是穷人或富人都乐意吃土豆。甚至普希金都经常用烤土豆来款待自己的客人。当然不同之处在于，对于那些生活缺乏保障的工人和农民家庭来说，尤其是在粮食歉收面包缺乏的年景里，土豆几乎成了他们唯一的食物。难怪民间有句谚语：“土豆——面包的好帮手”。土豆种植面积快速扩张是在1840~1842年。1841年2月24日俄罗斯政府出台《关于扩大土豆种植处理办法》的命令，全国范围内免费发放了30,000份关于如何正确种植和栽培土豆的手册。各省每年都要把种植土豆的情况往圣彼得堡报告。到了19世纪末，土豆已经覆盖了俄罗斯150多万公顷的土地了。就这样，俄罗斯成为了土豆的“第二故乡”，现在恐怕没有哪种“俄罗斯”蔬菜比土豆更受到全国欢迎的了。

在俄罗斯人看来，土豆的用途

Конечно , самое главное его используют в пищу. Говорят, в современной русской кухне существуют около тысяч разнообразных блюд, использующих картофель. Кулинарная универсальность картофеля и хорошая сочетаемость с другими животными и растительными продуктами способствовали тому, что его стали включать в массу первых, вторых и даже третьих (десертных) блюд. Судите сами, картофель можно варить, жарить, запекать, тушить и вообще подвергать самым немыслимым кулинарным превращениям. Мясо, рыба, молоко, грибы, овощи - блюда из них только выигрывают при добавлении картофеля. А картофельный крахмал - неотъемлемая часть традиционного сладкого блюда русской кухни - киселя. Трудно даже перечислить все «специальности» картофеля в кулинарии.

Кроме того, русская народная медицина использует картофель очень широко. Например, при желудочно-кишечных заболеваниях, при изжоге, при экземе и других поражениях кожи использовать картофель очень полезно. И

有哪些呢？当然，最主要是用作食物。据说，在现代俄罗斯菜系中有将近1,000种花样不同的菜肴是用土豆做的。由于土豆在烹饪上的多种用途，加上它与其他动植物食品口味的良好结合，人们在大量前菜、主菜甚至甜点中都加入了土豆。人们都明白，土豆可以煮、炸、烤、焖，总之，不管多么特别的烹饪方法都可以用来烹调土豆。用肉、鱼、牛奶、蘑菇、蔬菜做的菜，只有加入了土豆才算美味。而土豆淀粉又作为制作冻羹的原料，成为了烹饪这种俄罗斯传统甜味菜肴不可缺少的一部分，真是很难数清土豆在烹饪上的所有“特长”啊。

除此之外，土豆还被广泛应用在俄罗斯医学中。例如，对于胃肠疾病、烧心、湿疹和其他皮肤损伤，土豆都有很好的缓解作用。土豆还作为家用化

картофель тоже широко используют в домашней косметике. Из него можно делать питательные маски для кожи лица и рук.

Картофель обладает уникальным набором органических и неорганических соединений жизненно важных для человеческого организма. И его урожай очень высокий. Поэтому неудивидельно, что русские так любят картофель. Когда приежаете в Россию, попробуйте самое популярое блюдо — картофель в горшочке.

妆品被人们广泛使用，用土豆可以制作滋养类护肤面膜和手部护理品。

土豆含有一系列独特的对人体机体十分重要的有机和无机化合物，并且是高产作物，因此俄罗斯人那么喜爱土豆并不奇怪。当您造访俄罗斯的时候，一定要尝尝最经典的俄国菜——罐焖土豆。

单词释义

гарнир	配菜	переворот	大转变，转折，急剧变化
растение	植物，作物	слой	阶层，类别
репа	芜菁	угостить	请吃饭，宴请，请客
разослать	把……分别送到	посадка	栽种，种植
осуществиться	实现，成为事实	универсальность	多方面性，通用性
опасение	担心，忧虑	крахмал	淀粉
кушанье	饭菜，菜肴	косметика	美容，化妆品
варить	煮，炖，熬	набор	一套，一组，一副

文化链接

土豆的烹调方式五花八门，种类繁多。在意大利，人们做美味的土豆饼；在德国，土豆则被制成香肠；在马尔代夫，用土豆、奶酪和香葱制成的一道汤颇具盛名；阿富汗人用炸土豆佐以奶酪、大蒜、薄荷做成的大菜脍炙人口；委内瑞拉人用土豆、鸡肉、小牛肉和香蕉制成的美食在菜谱中也被重点推荐。而一年四季离不开土豆的俄罗斯人当然也有自己的烹饪良方。

土豆在俄罗斯的吃法可谓多种多样：煮土豆、烤土豆、土豆泥等。上文中提到了罐焖土豆，下面就简单介绍一下这道菜的做法。

土豆也可以这样吃

材料：2块洋葱，2根胡萝卜，3根去皮的腌黄瓜，1勺番茄酱或2个番茄，1升鸡汤，土豆若干。

步骤：洋葱切成半环形，胡萝卜切成大块，放在瓦罐底部煎至金黄，上面撒上切碎的黄瓜，土豆放在最上方，然后倒入拌有番茄酱的鸡汤，加入葵花籽油并用中火焖煮40分钟。

罐焖土豆虽说简单，但烹饪知识博大精深，俄罗斯人在这道菜的基础上，又创造出许多的新花样。比如加入面粉、盐和脂油开盖烤，就成了罐烤老土豆；把土豆煮烂捣碎，再加上干酪、胡椒和奶油等，就成了罐烤干酪土豆泥；加上蘑菇、芹菜，以及酸奶、盐、月桂叶、胡椒等佐料，就可以做罐焖土豆蘑菇。当然，改变食材稍作调整，就可以烹调我们经常在俄式西餐厅吃到的罐焖牛肉……

而上述这些还仅仅是从罐焖土豆衍生出来的菜品，要是再算上煎炒煮炸的各色手艺，以及加入了土豆烹制的汤和沙拉，那有关土豆的菜单可是写都写不完。

如今，俄罗斯人将传统的土豆吃法与现代食品工艺相结合，推出了类似方便面的方便土豆泥，只需浇些开水即可食用。除此之外，俄罗斯还出现了专卖烤土豆的快餐连锁店，名叫“小土豆”(Крошка - картошка)。其实，“小土豆”快餐的主要原料是比较大的土豆，每个土豆大小一致，分量有半斤左右，外面用锡箔纸包着，在烤箱里烤熟，这是源于土耳其的著名做法。切开锡纸包着的土豆之后，加入黄油奶酪，之后便可以加入各种配菜调料，无论是腌的还是熏的，无论是鱼肉鱼子酱还是沙拉蔬菜，因此这种百搭的食品作为快餐顺利获得了大家的青睐。在莫斯科的一些大商场都有“小土豆”的分店，一到吃饭的时间门口就排起了长队，在路边也可以见到“小土豆”快餐店，绿色有篷马车的模样，上面印有“小土豆”的商标。当你路过的时候闻到香喷喷的烤土豆香，一定会忍不住光临的。

对于我们中国人来说，土豆也是常见的食材，经典的吃法很多，炒土豆丝、土豆炖牛肉、地三鲜是最家常的三种吃法。喜欢做菜的朋友了解到了俄罗斯人的土豆情节和土豆菜肴之后，是否也想在烹饪土豆时换种口味了呢？

4 Русский застольный этикет

Этикет, проще говоря, это норма поведения и обхождения человека в обществе. Он крайне необходим. Без них невозможно общение между людьми. За нарушение их не привлекают к судебной или административной ответственности, но человек, не соблюдающий их, теряет уважение окружающих и тем самым усложняет себе жизнь.

Пища— первейшая жизненная необходимость, и поэтому наиболее древними и устойчивыми были правила этикета, связанные с едой. Но как правильно вести себя за столом? Мы начнём с самого главного, с осанки. Не слишком далеко от края стола, но и не слишком близко, чтобы вам было удобно есть и пить. За столом надо сидеть прямо. Нельзя сидеть, закинув ногу на ногу, раскачиваясь на стуле. Нельзя класть локти на стол, тем более закидывать руку на спинку соседнего стула. Надо особенно запоминать, что нельзя сидеть на углу стола. В России такая пословица:

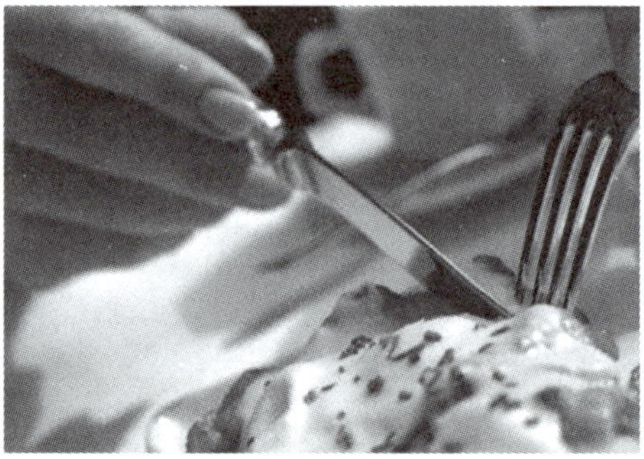

4 俄罗斯的用餐礼仪

简单而言，礼仪是人在社会中的生活行为规范和待人处世准则。礼仪极其重要，缺少礼仪，人与人之间就难以相处。人们不会因破坏礼仪而追究法律责任或行政责任，但是不守礼仪的人会失掉周围人的尊重，从而自己把生活弄得十分紧张困难。

食物乃民生之根本，所以与饮食相关的礼仪规范最为古老，且长久不衰。在餐桌上怎样才能举止得体呢？我们从最主要的姿态说起。离餐桌边不能过远，也不能太近，以便饮食。用餐时身子应当坐直。不能跷着二郎腿在椅子上摇摆晃动，不能将手肘放在餐桌上，更不能将胳膊搭到邻座的椅背上。应当特别记住：不能坐在桌角。俄罗斯有这样一句谚语：坐在桌

Сидеть на углу стола – семь лет не жениться и не выходить замуж.

В процессе питания, нельзя сосредоточить все своё внимание на пище, надо время от времени разговаривать с присутствующим. Если вы разговариваете с соседом, то не нужно поворачиваться к нему всему корпусом, чтобы не оказаться спиной к другому. Не рекомендуется разговаривать с кем-либо через сосед. Хорошо воспитанные люди обычно ведут легкую, приятную беседу с сидящим неподалеку от них. Кроме этого, не разговаривай с полным ртом, и нельзя разговаривать, держа в руках нож или вилку.

Потом человеку нужно «разобраться» с салфеткой. Салфетку, предназначенную для индивидуального пользования, следует развернуть и положить на колени. Во время еды такой салфеткой не вытирают губы и пот, и лишь завершая приём пищи, текстильной салфеткой можно коснуться губ и вытереть концы пальцев. Для вытирания губ лучше воспользоваться бумажными. Перед тем как запить еду из фужера, можно мягко тронуть губы с салфеткой, чтобы на краях фужера не осталось следов жира.

角——七年结不了婚。

在用餐过程中，不要只顾埋头吃东西，应当不时与他人交谈。如果您与邻座的人交谈，不需要将整个身体转向他，而将自己的背面留给他人。一般不建议隔着邻座与人交谈。有教养的人往往会和与之相距不远的同桌轻松愉快地谈话。除此之外，不要在咀嚼食物时说话，不要边说话边挥舞刀叉。

之后人们需要“搞定”餐巾了。供个人使用的餐巾应该展开放于膝盖之上。吃饭时，不用此类餐巾擦嘴擦汗，只是在用餐结束后，用这种布制餐巾轻触嘴唇、擦净指尖。擦拭嘴唇最好用纸质餐巾。饮用大高脚杯内的酒水之前，可以用纸巾轻触嘴唇，以免在杯口留下油渍。如果一位女士使用唇膏，那

Если женщина пользуется помадой, то край стакана надо приложить к губам так, чтобы на краях посуды не осталось следов помады. А куда салфетку деть после еды? По окончании еды текстильная салфетку не надо вновь сворачивать, а следует, слегка скомкав, положить на стол. Бумажные салфетки также слегка сминают и кладут на тарелку.

Кроме вышесказанных, надо знать о том, как вести себя во время употребления каждого блюда. В России обычно принято подавать сначала салаты и закуски, потом подают первые блюда - суп, а после супов уже подают вторые блюда - горячие блюда из рыбы, мяса, птицы, дичи, овощей. Заканчивается банкет подачей десерта, фруктов и горячих напитков. Для разнообразных блюд обязательно соотвествующие правила этикета.

«Хлеб - всему голова», - гласит старинная пословица, и в России он, действительно, в том или ином виде присутствует на столе почти всегда. Его лучше взять рукой. Чтобы намазать ломтик маслом или паштетом, необходимое количество берут ножом из общей посуды на свою тарелку. Потом нарезать хлеб на небольшие кусочки. Кусочки хлеба кладут на левую часть тарелки и по мере надобности

么将嘴唇碰触玻璃杯时，应当避免在容器边缘留下唇膏印。用餐结束后应该怎样处理餐巾呢？用餐结束后应该把餐巾放到哪里呢？用餐结束后，不需要重新折叠布制餐巾，应该轻轻揉作一团，放在餐桌上。纸质餐巾也轻揉一团，置于盘中即可。

除上述内容外，人们还需了解食用每道菜时该如何举止。在俄罗斯，人们习惯先上沙拉和冷盘，然后上第一道菜——汤，汤喝完之后，第二道菜已经上桌，第二道一般是用鱼、肉、家禽、野味和蔬菜烹饪的热菜。最后上桌的是甜点、水果和热饮。对于不同的菜品必然有相应的礼仪规范。

古语有云：“面包乃万物之首”，在俄罗斯，面包总是以这样或那样的式样出现在餐桌上。面包最好用手拿着吃。若想在面包上抹上一层黄油或肉馅，则用刀从公共容器中拿取所需数量的面包到自己盘中。然后将面包切成

отламывают кусочки. А чтобы намазать масло, придержите кусочки пальцами левой руки. Надо запомнить то, что в гостях тарелку не вытирают кусочком хлеба, и не собирают им оставшийся соус.

Почти все холодные закуски, будь то рыбные, мясные или овощные, переложенные на вашу тарелку, едят при помощи ножа и вилки. Ножом вы отрезаете от рыбы, мяса или овощей небольшой кусочек, придерживая его вилкой, а затем накалываете на вилку и направляете в рот.

Как нужно есть суп? Есть суп столовой ложкой. Во время еды суп зачерпывают движением «от себя», потом подносят ложку ко рту. Громко прихлёбывать, конечно, нельзя. Бульон, который ставят на стол в глубоких чашках, можно есть без ложки, взяв одной или обеими руками (в зависимости от количества ручек) за ручки.

Для десертов тоже есть особые приборы. Десертные приборы, расположенные ручками вправо, берут правой рукой, а ручками влево - левой рукой. Если блюдо не нужно резать (паштеты, суфле, пудинги), пользуйтесь только вилкой, которую будете держать в правой руке. Спаржу обычно едят руками, но современный этикет требует уже

小块。将面包块放置在盘子的左边部分，根据需要掰开面包。抹黄油时，用左手手指拿住面包。应当记住，做客时不要用面包抹盘子，不要用面包收集剩下的酱汁。

几乎所有移置到您餐盘中的冷盘菜品，无论是鱼类、肉类或蔬菜，都用刀叉食用。用叉子将鱼、肉或蔬菜按住，用刀分割成小块，然后用餐叉叉起放至嘴里。

应该如何喝汤？用汤匙喝汤。吃饭时，应朝着远离自己的方向舀起汤，然后再将汤匙移近嘴边。大声啜饮当然是不可以的。餐桌上深碗内的清汤，可以单手或双手（取决于手柄的数量）握住汤碗的手柄食用，无需使用汤匙。

食用甜品也有专门的工具。甜食餐具的手柄朝向右面，则用右手取餐具，朝向左面则用左手取。如果食物不需要切割（如馅饼、蛋奶酥、布丁），只使用右手边的叉子。芦笋通常用手食用，但是迫于现代礼仪，需要用专用的叉子食用

специальной вилки.

А теперь о напитках. Мешая ложкой чай или кофе, нельзя стучать о посуду, делать это надо бесшумно. Пить чай или кофе, оставив в стакане или чашке ложечку, не следует. Ложкой размешивают сахар, а потом кладут ее на блюдце. Если чай или кофе пьют за столом, то чашку или стакан берут в руки, оставляя блюдце на столе. Если же чай или кофе пьют, сидя в кресле или на диване в гостиной, то блюдце держат в одной руке, другой снимают с него чашку, затем ставя ее обратно.

Русский застольный этикет в некоторой степени похож на застольный этикет европы, но между ним очевидная разница. Поэтому надо хорошо запомнить правила русского застольного этикета, и они помогут вам избегать неловких ситуаций.

芦笋。

现在介绍一下饮料。用小匙搅拌茶或咖啡，但小匙不能碰触容器发出声响。喝茶或咖啡时，小匙不能留于杯内。用小匙将糖搅拌均匀，然后将小匙放于碟子之上。如果人们想要在桌旁饮茶或咖啡，则用手执碗或杯子，将杯碟留在桌上。如果人们想要坐在客厅椅子或沙发上饮茶或咖啡，则一手拿杯碟，一手从杯碟上将茶杯取走，喝完后将其放回。

俄罗斯的用餐礼仪一定程度上类似于欧洲的餐桌礼仪。但它们之间存有显而易见的差别。因此，我们应该清楚地记住俄罗斯的用餐礼仪规范，这些规范将帮助我们避免尴尬情况的发生。

单词释义

этикет	礼节，礼仪
обхождение	待人的态度，待人的举止
край	边，边缘
жениться	结婚，娶妻
салфетка	餐巾
колено	膝，膝盖
приём пищи	进食，用餐
вытереть	擦净，擦干
помада	口红，唇膏
закуска	小吃，冷盘，凉菜
отламить	掰下（一块食物），掰开
отрезать	切下
ложка	勺子，匙子
прихлёбывать	吞咽时发出声响，啜饮
прибор	工具
стучать	敲打，叩击，碰撞
неловкий	难堪的，难为情的

文化链接

无论是婚事洗礼、单身派对，还是商务酒会、私人聚餐，人们在碰杯的时候都要说一说祝酒辞。祝酒辞这一单词（тост）最早起源于英国，用于命名人们祝酒时按习惯给予的小烤面包片。人们应当选择适当的时间说祝酒辞，一般在宴会招待开始10~15分钟后，或者肉类热菜、甜品上桌之后均可。通常由主人致祝酒辞，献给最重要的宾客或庆祝最主要的事件，在一些大型聚会上一般只组织一次祝酒。

俄罗斯的祝酒文化

目前，在俄罗斯人喜庆日的餐桌上说祝酒辞已经成为一种传统。任何一种祝酒辞的主体部分差不多都是有关接受人美好品质的生动而又热情洋溢的陈述以及美好祝愿。与西方的礼仪规范不同，在俄罗斯，除了主人或特别重要的人士，在座的每一位客人均可以发表祈祷健康的祝酒辞或任何其他类祝酒辞，祝酒致辞不仅在大型宴会上可以进行，在各个家庭的餐桌上也同样流行。当然，祝酒辞不能冗长枯燥，内容应该真诚而又充满智慧，俄罗斯人祝酒庆相聚、祈健康、赞友谊、祝和平，如果是在朋友家聚会或做客，最后一杯要献给女主人，表示对她高超厨艺的赞赏和辛勤劳动的感谢。一般情况下，祈祷健康的酒杯应该是满的。祝愿受庆贺人时，通常碰杯并一干到底。因此，说这类祝酒辞时，最好斟上香槟或淡酒。在其他情况下，听罢祝酒辞，每位客人喝自己认为合适的分量即可。

在说祝酒辞时，餐桌上也有一定的习惯与禁忌。致祝酒辞时，其他人应端起酒杯，在主要的大型庆祝场合都会起立聆听并干杯，而倒酒、点烟、交谈等行为则被视为不礼貌、不讲规矩。一般只要不是总统或贵宾，受到祝酒之后应予以回应，而女士只要不是陪男伴来的未婚妻，则可以以微笑作为赞赏回应祝酒，并且在大家起立的时候仍然坐在座位上。向大人物敬酒都应一饮而尽，在一些重大庆祝场合，干杯之后要将杯子摔碎在地上以示庆祝。当他人酒杯中的酒没有喝完之前不能改喝饮料，否则意味着自顾自喝酒，是对他人的不尊敬，拒绝把酒干掉也是一样，即使喝不了，也要做出一直在努力喝干的样子。如果不能或不想喝酒的话，就只好以水代酒假装祝酒，因为拿杯水祝酒，一般不被认为是真正的祝酒。此外，也不宜用鸡尾酒敬酒，但啤酒、威士忌等等都是可以祝酒的。

俄罗斯人的酒文化世界闻名，若是想和俄罗斯人在饭桌上体验一把觥筹交错的豪放，祝酒辞是必不可少的，请带上自己对其他客人的祝愿，干杯吧！

5 Вкусы борщёв и икр

Традиционный русский обед состоит из трех блюд. На первое блюдо, как правило, подают суп. Кроме щей, среди других первых блюд, которые любят в России, можно назвать борщ, рассольник и окрошку. Несмотря на то. что борщ известен как традиционное блюдо украинской кухни, его часто готовят в русских семьях. Слово “борщ” произошло от старославянского “бърщь” - свёкла. Именно свёкла как основной компонент любого борща придаёт ему цвет вкус и аромат. Борщ без бурака - не борщ, хотя бы и были соблюдены все его остальные составляющие.

Борщ считают своим национальным блюдом и поляки, и русские, и литовцы, и румыны, и белорусы и украинцы. У каждого народа есть свои тонкости и особенности приготовления этого блюда. Четких канонов нет. Борщ упоминается в новгородских ямских книгах за 1586—1631 гг. В XVI веке борщ настойчиво рекомендует Домострой. Борщ очень любили Екатерина Вторая, Александр II, Анна Павлова. С борщом связано

5 罗宋汤和鱼子酱的风情

俄罗斯菜由三道菜组成，按照习惯，头菜自然是汤。除了白菜汤之外，俄罗斯人还喜欢以罗宋汤、腌黄瓜汤和冷杂拌汤作为头菜。尽管罗宋汤作为乌克兰传统菜肴而闻名，但在俄罗斯的家庭中经常会烹饪罗宋汤。“罗宋汤”的俄语词来源于古斯拉夫语中的“红菜”一词，因为红菜是烹煮任何罗宋汤的最基本原料，决定了罗宋汤的颜色与口味。没有红菜的罗宋汤，不管其他的辅料配菜是多么地齐全，都不能算作是罗宋汤。

不管是波兰人、俄罗斯人、立陶宛人、罗马尼亚人、白俄罗斯人还是乌克兰人，都将罗宋汤视为自己民族的菜肴。每一个民族都有烹饪这道菜独特的细节特点。关于如何烹饪并没有明确的规定要求。早在1586到1631年的诺夫哥罗德驿站书籍中就对罗

много суеверий. Например, считалось, что с паром от борща отлетает душа покойника. Поэтому это традиционное блюдо на поминках на Украине. За прошедшие века борщ завоевал всемирную славу. Кулинары изобрели кроме украинского

борща, считающегося классическим образцом, еще и московский, сибирский, белорусский, польский, кишиневский и другие борщи, каждый из которых, по-своему хорош и отражает те или иные национальные и географические особенности народности, местности.

Борщи варят на мясном бульоне, а также с ветчиной, копченой грудинкой, шпиком, сосисками, уткой, гусем. Порой варят его и на рыбном бульоне, и с головизной. Борщ можно варить с грибами, черносливом, сушеными фруктами или только с овощами.

宋汤有所记载，16世纪在《治家格言》书中罗宋汤也再三被推荐；叶卡捷琳娜二世、亚历山大二世、安娜·巴甫洛娃都很喜欢罗宋汤。还有很多说法与罗宋汤有关，比如人们认为逝者的心灵会随着罗宋汤飘出的热气飞走，因此在乌克兰，葬礼后宴请来客时，罗宋汤就是最传统的必备菜。在过去的几个世纪中，罗宋汤享誉世界，除去最典型的乌克兰罗宋汤之外，厨师们还发明了莫斯科罗宋汤、西伯利亚罗宋汤、白俄罗斯罗宋汤、波兰罗宋汤、基什尼奥夫罗宋汤和其他种类的罗宋汤，它们都各具特色，反映了这样或那样民族与地理的人民性、地区性特点。

罗宋汤一般用肉汤作为原汤，加入火腿、熏排骨肉、腌肉、小灌肠、鸭肉、鹅肉等，有时则放鱼头肉煮，罗宋汤还可以加入蘑菇、李子干、干果或者只加蔬菜，最基本的蔬菜搭配有大白菜

Основную массу овощей в борще составляют капуста и столовая свекла; кроме того, в борщ кладут морковь, лук, петрушку, сельдерей, томат-пюре или помидоры. Поразительный вкусовой букет борща обеспечивает ему на протяжении многих лет самые высокие оценки публики в весьма престижных зарубежных русских ресторанах. И это неудивительно, ведь в его состав входят 18-20 различных продуктов и приправ. Некоторые виды борщей заправляют поджаренной мукой для придания жидкости более густой консистенции. При подаче на стол в борщ кладут по вкусу сметану, зелень укропа, петрушки.

Чёрная икра—икра осетровых рыб, является крайне редким и дорогим деликатесом. Из-за своей высокой стоимости доступна лишь небольшой части населения Земного шара. В мире чёрная икра традиционно ассоциируется с Россией и русской кухней, в частности блинами.

Чёрная икра добывается как от осетровых, живущих в дикой природе, так и от искусственно разводимых рыб. Основным местом добычи чёрной икры (90 % мировой добычи) является Каспийское море. Добыча также ведётся в

和食用甜菜，除此之外还有胡萝卜、洋葱、香芹、旱芹、番茄酱和土豆。罗宋汤惊人的香味使它在很长时间内在国外的俄罗斯餐厅获得最高评价，这并不奇怪，因为在它的配料中还加入了18~20种不同的食材和调味品。还有一些种类的罗宋汤加入了团粉来增加黏稠度。在端上餐桌时，人们依照需要的口味在罗宋汤中放入酸奶、莳萝或香芹。

黑鱼子酱是用鲟鱼籽制成的，鲟鱼子酱是最稀少和珍贵的精致美食，由于自身的价值高，世界上只有不多的人能买得起它。在世界范围内，各国人民习惯性地将黑鱼子酱与俄罗斯和俄罗斯美食、尤其是与俄罗斯薄煎饼联系起来。

黑鱼子酱的原料既有生长在野生环境下的鲟鱼，也有人工养殖的各种鱼类。90%黑鱼子酱的采集地是里海，除此之外还有黑海沿

Причерноморье, низовье Дуная, Приамурье и в китайской провинции Хэйлунцзян, на территории которой протекает Амур.

Традиции употребления в пищу красной икры в России не было до XVIII века. Икра лососевых появилась в обиходе россиян после освоения сибирских просторов, а организованная заготовка этой икры с коммерческими целями началась только в начале XX века, преимущественно на Камчатке и Сахалине. Икру лососевых рыб в России часто называют «красной икрой» из-за того, что она обычно обладает красновато-оранжевым или красным цветом с различными оттенками, зависящими от вида рыбы из которой добыта икра. Красная икра — ценный пищевой продукт, имеет высокие вкусовые качества и относительно высокую стоимость, поэтому относится к деликатесам.

Икра осетровых рыб, как и лососёвая икра, не только имеет изысканный вкус,

岸、顿河下游地区、阿穆尔河沿岸以及阿穆尔河流经的中国黑龙江省境内。

俄罗斯食用红鱼子酱的传统是从18世纪开始的。在掌握了西伯利亚的广袤空间之后，鲑鱼子酱出现在了俄罗斯人们的日常生活中，而出于商业目的批量生产这种鱼子酱已经是20世纪初，主要是在勘察加半岛和萨哈林岛。鲑鱼子酱在俄罗斯常被称为“红鱼子酱”，因为它自身以呈红橙色或红色为主，随着作为原料鱼类的不同种类而伴有不同的色调。红鱼子酱是珍贵的食材，有很好的味道和与之相匹配的高营养价值，因此被列入美食行列。

无论是鲟鱼子酱还是鲑鱼子酱，它们都不仅有美妙的味道，还因

но и очень полезна, так как содержит много микроэлементов (особенно осетровая икра). В икре содержится полный набор аминокислот, включая глутаминовую, лизин, серин, лейцин; минералы: калий, магний, фосфор и железо, а также немало витаминов.

Попробуйте и борщ и игру! Оба они уже известны вокруг мира в качестве русских деликатесов.

含有大量的微量元素（尤其是鲟鱼子酱）而于人的身体十分有益。在鱼子酱中含有全套氨基酸，包括谷氨酸、赖氨酸、丝氨酸和白氨酸；以及多种矿物质，包括钾、镁、磷、铁和多种维生素。

作为世界闻名的俄罗斯美食，请品尝罗宋汤的浓郁，感受鱼子酱的鲜香吧！

单词释义

щи	菜汤，白菜汤	поразительный	令人吃惊的，惊人的
бурак	红菜	приправа	调料，作料，调味品
канон	规范，标准，准则	сметана	酸奶皮
суеверие	迷信	деликатес	特别美味的食品
отразить	反映，体现	ассоциироваться	联想起来
грудинка	（猪、牛、羊等的）胸肉，胸排	добыча	开采，捕捞
		обиход	日常生活
порой	有时	оттенок	色调，色度
сельдерей	芹菜	аминокислота	氨基酸

文化链接

红菜汤即罗宋汤，起源于乌克兰，根据1785年的《哈尔科夫市总督笔记》中记载，坐落在乌克兰捷尔诺波尔州的小城市——博尔晓夫市(Борщёв)的命名就是为了纪念红菜汤。每年秋天，博尔晓夫市都是民间“红菜汤”节庆祝活动的中心地区。根据流传下来的故事所说，在很久以前，土耳其人占领了这座小城，并且想尝尝当地的美食——红菜汤，一位乌克兰妇女答应为他们烹饪，但做好的红菜汤却不合土耳其头目的口味，于是那位头目对做菜的妇女恶言相向，大喊大叫。妇女被激怒，用盛汤用的长柄木勺狠狠地敲向头目的脑袋，然后把滚烫红菜汤泼到对方身上烫死了头目。因此后人以这道菜的名字命名这个节日，来纪念那位乌克兰妇女英勇的举动。在每年于博尔晓夫市中心广场举办的“红菜汤”节中，都有煮红菜汤比赛和展览，在场的每一位观众都有分发的红菜汤喝，来自各个地区的主厨妇女会竞赛烹饪出总共50多种不同风格品味的红菜汤，一决高下。

由此可见乌克兰人对红菜汤的深厚感情。2010年10月2日，在乌克兰首都基辅郊区举行的国际农业展览会上烹饪出的巨型红菜汤创造了新的世界纪录，该国厨师在5000升的巨型汤锅里煮了4000升红菜汤，其中汤里放了250公斤白菜、90公斤洋葱、80公斤胡萝卜、140公斤豆子和27公斤盐。红菜汤是乌克兰人早、中、晚饭都离不开的，可以说，这是最为典型的乌克兰菜品。乌克兰式的红菜汤烹饪方法如下：

1. 将甜菜根煮熟切末，土豆去皮煮熟切块，洋葱、大蒜切末，甜椒、卷心菜切丝，芸豆焯水；
2. 猪肉（肋骨）表面烤一下之后，放入水中炖煮；
3. 甜菜根、甜椒、洋葱放入锅中，加入番茄酱，用葵花油翻炒10分钟左右，加入少量肉汤炖10~15分钟；
4. 猪肉（肋骨）捞出，肉汤煮开后加入土豆、卷心菜，煮5~10分钟后加入翻炒好的蔬菜，水烧开后加盐和黑胡椒，加入乌克兰特有的咸猪油冻，熄火焖上15分钟；
5. 将汤盛入碗中后，将一大勺酸奶油放在汤上，撒上欧芹根末。

乌克兰的红菜汤

这样，一道酸甜美味，香浓可口的“红菜汤”就完成了。

想必大家都跃跃欲试想做道红菜汤尝尝了吧？但读到这里你或许会有一个疑问，那就是红菜汤为何又被称作罗宋汤？其实，大家听说、熟悉并品尝的红菜汤，大多是在俄餐里，因此有人便借助俄罗斯英文的谐音给它起了“罗宋汤”这个名字，听起来既文雅，又有中国味，现在已经成了大家耳熟能详的一道有名菜肴。所以说，“罗宋汤”这个名字源于人们对它起源地的错误认识，但无论如何，罗宋汤与俄罗斯、俄式菜肴千丝万缕的联系，却是早已无法从人们的脑海中抹去的了。

第2章　橱窗里的风情

1. 传统的民族服饰
2. 军装的演化
3. 宫廷的华贵盛装
4. 寒冷国度的毛皮大衣

2 橱窗里的风情

1 Традиционный национальный костюм

Национальная одежда отражает характер любого народа, и русский тут не исключение. В ней, как в зеркале, проявляется его самосознание, мировоззрение и самобытность. Русский традиционный костюм - важная часть истории и культуры не только русского народа, но и всего мирового наследия. Русский народный костюм не сковывает движений, легкий, не жаркий и в то же время достаточно тёплый и укрывает от непогоды.

Русский костюм формировался на протяжении многих веков на обширных территориях расселения русского народа, сохраняя древнейшие черты и разумно заимствуя всё лучшее от народов, соседствующих с нами. Русский национальный костюм можно условно подразделить на костюм Киевской и Северо-

1 传统的民族服饰

任何民族的服饰都能反映出这个民族的性格，俄罗斯民族也不例外。服装像镜子一样反映出民族的自我意识、世界观和独立性。俄罗斯传统服装不仅是俄罗斯民族历史文化的重要一部分，也是全人类的重要财产。俄罗斯民族服装不影响行动、轻便、透气，同时又足够暖和以抵御恶劣天气。

在俄罗斯人民生活的土地上，俄罗斯服饰的形成历经了几个世纪，既保留了古老的服饰特点，也合理地吸收了其他相邻民族的优点长处。俄罗斯民族服饰可按时间阶段分为 10~14 世纪的基辅罗斯和西北罗斯服饰、15~17 世纪的

Восточной Руси 10-14 веков, костюм Московской Руси 15-17 веков, народный костюм 18 – начала 20 века. Кроме того, в каждом временном периоде можно выделить костюм, традиционный для простолюдинов, и наряды знатных особ. В этой статье мы будем рассказывать о традиционном костюме для простолюдинов.

Традиционной повседневной одеждой простолюдинов в 10-14 веков были рубахи и порты. Основой мужского костюма была рубаха. В то время она доходила до колен и имела у ворота разрез посредине. Рубаху носили навыпуск и обязательно подпоясывали. Обязательной частью одежды русских крестьян были неширокие длинные штаны – порты, которые завязывались на шнурке вокруг талии. Простые люди носили порты из холщёвой ткани. На голове мужчины носили войлочные колпаки. Традиционной обувью крестьян (как мужчин, так и женщин) были лапти, вместо носков в те времена были онучи, полоски ткани, которыми обвязывали ступни и щиколотки. Основном женским народным костюмом 10-14 веков являлась длинная рубаха с длинными рукавами, украшенная по горловине вышивкой или полосой ткани контрастного цвета. Понёва – обязательная принадлежность одежды русской замужней женщины. Она надевалась особым

莫斯科罗斯服饰、18~20世纪初的民族服饰，除此之外，每一个历史阶段的服饰都可以按照平民和富人贵族予以划分。在这篇文章中我们将讲述俄罗斯平民的传统服饰。

10~14世纪平民的日常传统服饰就是衬衫和裤子。衬衫上衣是基本的男性装束，长度到膝，领口中分；衣服不塞进裤腰里，

并且要束紧腰部。俄罗斯农民服装必不可少的部分还有较窄修长的裤子，由腰带系紧，普通人的裤子是粗布制成的；头上戴的是毛毡尖顶帽。农民一般穿的鞋是草鞋（男女通用），那时没有袜子，取而代之的是包脚布或用来缠脚和脚踝的布条。10~14世纪女性的基本民族服装是长袖长衫，领口部分有绣花或反差颜色的粗布条纹。方格毛料裙是俄罗斯已婚妇女的必备服装，它有独特的穿法：把布料在腰上围上

способом: полотно поневы оборачивали вокруг талии разрезом вперед, а края подтыкали за пояс, открывая подол рубахи, который закрывали передником. Незамужние девушки носили только рубаху с передником. Передник иногда сплошь был украшен узорными полосами и нес символику, связанную с землей, водой. Особенности русского женского костюма заключались в том, чтобы не подчеркивать формы тела. Простота силуэта компенсировалась богатой цветовой гаммой различных частей одежды, отделкой, всевозможного рода вышивками и аппликациями. В разных губерниях вышивку делали по-своему, используя различные орнаменты.

В 15-17 веках повседневный костюм крестьян несколько меняется. Так традиционный разрез на горловине мужской рубахи перемещается из центра в левую сторону, а сама рубаха становится короче и получает название «косоворотка». Появляется распашная одежда, застегивающаяся на пуговицы: зипун и кафтан. В женском костюме 15-17 веков тоже появляются некоторые новшества, хотя основой его по-прежнему является прямая длинная рубаха. Поверх нее теперь надевают

一圈，开口朝前，然后把边塞到腰里，放在长衫里面。而未婚的女孩只简单地穿衬衫和围裙，围裙上偶尔会装饰一连串有图案的花纹，象征着大地和水。俄罗斯妇女服饰的一大特点就是不突出身材，但服装外形轮廓的简洁由于衣服不同部位的丰富色彩、装饰物以及多种绣花和贴花得到了弥补，在不同地区、部位、装饰、多种绣花、贴花的丰富色阶给予了弥补，在不同地区绣花样式都自成一派，有自己独特的装饰图案。

在15~17世纪，农民的日常服装有了一些变化，男式衬衫中分的领口换成了左边偏分，衬衫变瘦，被人们称为“偏领男衬衫”。出现了对襟无扣的衣服：家织粗呢无领上衣和双排扣长外衣。15~17世纪的女性服装样式也有了一些革新，尽管上衣和以前一样还是直

сарафан – разновидность платья с прямым лифом на бретелях и расклешенной юбкой.

В петровскую и последующие эпохи костюм дворянства сильно меняется и становится уже не русским национальным костюмом, а разновидностью европейского. Только в крестьянской и отчасти купеческой среде сохраняются старые традиции. Мужчины по-прежнему носят рубахи, порты, зипуны и кафтаны, овчинные шубы. Практически не меняется и женский костюм. Основной женской одежды продолжает оставаться рубаха и сарафан. В разных местностях традиционными являлись разные расцветки и способы покроя сарафанов. С течением времени, эволюционируя, народный костюм под влиянием условий жизни унифицировался и упрощался: от сложных и многообразных комплексов в 20 веке он пришел к простым в изготовлении, шившимся из фабричных тканей костюмам.

Ведущими цветовыми тонами в народной одежде является белый, красный и синий. Красный цвет в народе был самым любимым. Это цвет огня, солнца, магический, красивый,

筒长衫，但在长衫外套上了无袖宽松长衫——它是上身紧瘦下裙宽大的背带连衣裙的变形。

在彼得大帝统治时期和随后的时代，贵族服饰急剧变化着，已经不再是俄罗斯民族的风格，而是欧洲人的风格了，只有农民和部分商人保留着旧的穿衣传统。男人像以前一样穿着衬衫、裤子、无领上衣、长外衣和熟羊皮大衣。女性装束继续保留着长袖衬衫和无袖宽松长衫的搭配，在不同的地区着色和长衫式样有所不同。随着时间推移，服装受到生活条件的影响逐步演变，变得样式统一和简单——20世纪，服装从造型复杂多样的各式服饰转变为样式简单的工厂制衣。

民族服饰中最主要的色调是白色、红色和蓝色。红色是当地人

символ спасения и знак преграды для злых сил. Такой цвет должен был отпугивать демонов и духов, имеющих человеческий облик, хранить и оберегать владельца от разных напастей. Самыми нарядными считались одежды из красной ткани, вышивка красными нитками. Различные оттенки и интенсивность красного цвета создают очень тонкую гармонию. Декоративный убор народного костюма может включать в себя и другие яркие тона, часто контрастные, такие как зеленый, синий, оранжевый, желтый. Общее колористическое решение народной одежды зависит от пропорций частей разных цветовых тонов, характера вышивки, соотношения площадей орнаментации и фона.

Украшение одежды выполнялось тремя способами: качеством, вышивкой, нашивкой различных материалов – кружев, тесьмы и тому подобное. Узор формировался уточной нитью, перекрывавшей нити основы. Тканный узор употреблялся главным образом для изготовления рукавов, нижней части рубах, передников. Часто узорные полосы искусно дополнялись вышивкой, составляя исключительный по красоте декор. Вышивка народной

最喜欢的颜色，这是火焰、太阳的颜色，魔幻而美丽，象征着拯救，是阻挡魔鬼侵害的护身符。这个颜色可以吓走那些拥有人类面孔的恶魔邪灵，保护人们各种各样的财产。人们认为最隆重的盛装就是用红布织成，用红线绣花纹。不同的色彩与红色的鲜艳程度互相协调，构成非常细致的和谐色调。民族服饰装饰品的色彩也包括其他明亮的颜色，一般都充满对比，颜色反差大，如绿色、蓝色、橘色、黄色等。总的服装配色取决于不同颜色部分的比例、绣花的样式以及饰物和底色的面积关系。

衣服的装饰主要有三种形式：布料、绣花和花边、彩条等不同材料的镶边。图案用纬纱织成，用来覆盖织衣服的线痕。缝制的图案一般用于衣袖、长衬衫

одежды отличается большим разнообразием технических приёмов и способов. Для вышивки применяли специальные нитки, которые изготовляли из льняного и шерстяного волокна и красили естественными красителями.

Русский народный костюм – это бесценное неотъемлемое достояние культуры народа, накопленной веками. Одежда, прошедшая в своём развитии долгий путь, тесно связана с историей и эстетическими взглядами создателей. Чтобы разобраться в истории и культуре русского народа, необходимо познакомиться с его костюмом, ведь это важный элемент с русской спецификой.

的下部和连衣裙上。通常带花纹的镶条用精致的绣花修饰，成为尤其美丽的装饰。民族服饰绣花的技巧多样，手法多变。绣花使用的是专业的织线，由亚麻和毛料纤维织成，并用天然染料染色。

俄罗斯民族服饰是几个世纪积累出的民族文化中不可或缺的无价财富，服装经历了漫长时间的发展，早已与历史以及先人的审美观紧密相连。想要了解俄罗斯民族的历史和文化，一定要了解它的服装，毕竟这是有着俄罗斯特色的重要元素。

单词释义

исключение	例外
зеркало	镜子，反映
заимствовать	借用，效法
простолюдин	平民，老百姓
повседневный	日常的，每天不断的
навыпуск	指上衣下摆不塞进裤腰、裙腰里
обвязать	裹扎，织边
подол	下摆，襟
силуэт	外形
распашной	对襟无扣的
лиф	紧身胸衣，女装上部紧身部分
покрой	（衣服的）式样，样子，款式
преграда	障碍物，拦阻物
отпугнуть	吓跑，吓走
интенсивность	（颜色）鲜艳
пропорция	相称，匀称
краситель	染料，颜料，着色剂
достояние	财产，财富

文化链接

俄罗斯大部分传统服装作为日常穿着早已被世界服装的潮流所冲淡，随着时间的推移，它们逐渐走进了历史的博物馆。如今,俄罗斯的穿衣时尚已经世界潮流化、时装化,一身好的“包装”成为许多人追求的目标。在莫斯科、圣彼得堡这样的大城市，每周都能从电视中看到来自巴黎、意大利的名牌时装发布会，从中人们可以捕捉时下的流行款式、预测未来时装走向、变化自身装束，使之赶上潮流。但尽管如此，俄罗斯传统服饰所包含的民族元素并没有退出人们的视野，在各色时装遍布大街的今天，他们仍然拥有自己的舞台。

俄罗斯的节日服装

无论是什么民族都会有自己的节日，在过节的时候人们敞开心扉分享快乐，尤其是在过民族节日的时候，民族的传统和特点就会更加突显出来。俄罗斯人喜爱节日，迎春送冬，年复一年，总会在最开心、最隆重的节日中载歌载舞，游园庆祝。但这些并不是节日的全部，节日的一大特色元素就体现在服装上。据说在节日游园会的前一天晚上，家家户户都会搬出厚重的衣服箱子，哪家人的箱子越满，就说明这家人的生活越富裕，而箱子里装的自然是人们只在节日时才会穿的节日盛装。

节日服装又有别于平日里穿的传统服饰，一般都有绣花、花玻璃珠、金属片等做装饰，其中可以体现出裁缝的技艺水平和风格，而这些裁缝，还经常由俄罗斯的农家姑娘们自己充当。衣服上的花纹图案主要分两类，一种是植物花草图案，另一种则为几何图形拼接。说到这里，大家会发现，说到俄罗斯的服装时，主流和重点都在于俄罗斯的姑娘们，而俄罗斯男人却很少被提及，实际上，就服装本身来说，男士服装的款式比较少。俄罗斯的传统服装发展到节日服装都比较统一，男士一般上穿斜领衬衫戴毛毡帽，下着裤子穿皮靴，配上腰带，只是偶尔在条纹和颜色上做些装饰。而女性服装的款式就相对多得多了，最受欢迎的自然就是我们正文中提到过的无袖连衣裙或毛料裙，由于色彩艳丽、装饰细腻，能烘托气氛，逐步变成了人们的节日盛装。在过节时,妇女们会为毛料裙配上由上好材料制成的绣花上衣或是穿上材质良好的连衣裙，在裙子前面绣上花纹线条、银边和金色丝线，并用多彩玻璃珠装饰的发带扎辫子。

时代在变，但民族节日却一如既往地存在，得益于此，一系列的民族传统都流传了下来。俄罗斯的传统服饰尽管历史久远，很少在日常场合亮相，但在欢度佳节之时，我们仍能欣赏到它们美丽的风姿，叫出它们的名称，于众多华丽饰物和纹路之中，分享那一份俄罗斯人的激动与欣喜。

2 Эволюция военной формы одежды

Военная форма одежды - это комплект предметов одежды, а в отдельных случаях и снаряжения, установленный специальными указами, приказами и правилами, обязательный для ношения всеми военнослужащими армии и флота. Военная форма одежды вводится в войсках с целью лучшей их организации, повышения воинской дисциплины и порядка, различия военнослужащих по родам войск, по служебному положению и воинским званиям.

Принято считать, что единообразный военный костюм, призванный различать воинские части, появился в европейских армиях в XVII веке. Однако, существование специальных цветовых сочетаний для костюмов военных встречаются и в более ранее время. В России такая одежда была уже у стрельцов. Во второй половине XVI в. в Москве появились первые регулярные войска стрельцов. Стрельцы были одеты в длинные, доходившие до щиколоток, кафтаны из цветного сукна. Каждый полк имел кафтаны определенного цвета. Кафтаны со стоячими

2 军装的演化

军装是按专门的指示、命令和规则制作的，是所有陆海军人员必须穿着的一套服装，某些情况下也包括其他的装备配件。在军队中军人普遍穿着军装是为了加强组织性，提高部队纪律和规范，区分兵种、服役情况和军衔。

人们通常认为，用于区分军事部门的统一样式的军装是在17世纪的欧洲军队中出现的，但是有颜色区分的军装则出现得更早。而且在俄罗斯，火枪兵就拥有那样的服装。16世纪下半叶，在莫斯科组建了第一批常规火枪兵部队，火枪兵穿着延伸到脚踝的各色呢子长袍，每个部队都有自己特有颜色

воротниками застегивались на цветные петлицы. Стрельцы носили шапки типа мурмолки с меховой опушкой, через левое плечо надевали большой кожаный ремень, к которому подвешивали зарядцы.

В русской армии единообразная форма одежды для войск была введена в период реформ конца XVII - начала XVIII века, в правление Петра I. Созданное по образцу западно-европейского, обмундирование у пехоты и артиллерии включало в себя кафтан, под который надевались камзол, короткие штаны, чулки и башмаки; у кавалерии - кафтан, камзол, лосины. Цвета соответственно были: темно-зеленый и красный в пехоте, синий и красный в кавалерии, красный в артиллерии. Шляпы у всех родов войск были чёрные. Знаками различия для офицера служили металлическая пластина, носившаяся на шее, шарф через плечо и галуны по обшлагам кафтана.

Рядовой Черниговского драгунского полка в 1812-1814 гг. в походной строевой форме.

Такова была основа, на которой развивалась военная форма в течение XVIII столетия. Мундир эволюционировал по пути большого разнообразия, функционального совершенствования и зачастую неоправданного усложнения.

При Александре III в 1882 в русской армии

的长袍，长袍的领子是竖领，扣着彩色的领章。火枪兵头上戴着平顶毛皮帽，左肩挂着宽大的皮质背带，用来放武器弹药。

俄罗斯军队的统一制服在 17 世纪末 18 世纪初彼得一世统治时期得到确立。军装按照西欧国家的样式制作，步兵和炮兵的服装是由坎肩、短裤、长袜和鞋子组成，外面套着长袍；骑兵穿着长袍、坎肩和鹿皮裤子。颜色为：步兵深绿色和红色，骑兵蓝色和红色，炮兵红色。所有兵种的帽子均为黑色。佩戴在脖子上、过肩头巾上的金属片和镶在袖口的金边则是军官的标记。

18 世纪的军装就在以上这些样式的基础上发展起来。随着军装的革新，军装样式更加多样，功能更加完善，当然军装也复杂了不少，但往往并不那么合理。

1882 年亚历山大三世执政期

была осуществлена реформа военного обмундирования: во всей армии были установлены тёмно-зелёные, почти чёрные мундиры на крючках без пуговиц и цветных лацканов, единые головные уборы - фуражки и круглые барашковые зимние шапки с суконным дном; вся армейская кавалерия получила мундиры пехотного образца, но с разнообразной расцветкой воротников и погон, а также фуражек. Только гвардейская кавалерия сохранила пышно украшенное парадное обмундирование. Проведённая реформа себя не оправдала: тёмные мундиры демаскировали воинов на поле боя, а отмена традиционной парадной формы вызвала недовольство среди офицеров.

间，俄罗斯军队实施了一次军装改革：所有军队都着墨绿色、接近黑色的无扣钩针彩色翻领制服，头戴统一的制帽和呢绒底的羊羔皮冬帽；骑兵和步兵服装一致，但加有不同色彩的衣领和肩章以及制帽，只有近卫军骑兵保留着原来装饰性强的华丽军装。但这次改革没有获得支持，深色的军装在战场中暴露了士兵的踪迹，而取消传统华丽的军装更是引起了军官们的不满。

В большинстве случаев обмундирование офицеров в русской армии не отличалось принципиально от обмундирования солдат соответствующих родов войск и частей. Например, погоны офицеров делались путём пришивания соответствующих галунов к солдатским погонам. Различия сводились в основном к отделке некоторых элементов форменной одежды и наличию специфических

在大多数情况下，俄罗斯军队军官的制服与同部队的士兵原则上没有太大区别。比如，军官的肩章就是在士兵肩章的基础上镶了金边。区别只是体现在军装个别部位的精加工或者制服上一些特殊部件（如肩章、绶带）的不同，这在一定程度上体现了“每个军官都要从士兵做起”的精神准则，

деталей обмундирования (эполет, аксельбанта). Это некоторым образом продолжало тот моральный принцип, что каждый офицер должен был начать свою военную службу солдатом. После того как в первой половине XIX века начала формироваться стройная система военно-учебных заведений, подобная практика стала давать значительные положительные результаты. Несомненно, также, что уважительному отношению к военной форме немало способствовала четкая система, подразделяющая ее на форму парадную, повседневную и полевую. Причем были ясно и просто описаны все случаи, когда и где надо быть в той или иной форме.

在19世纪上半叶形成了严格的军校体系之后，类似的方法也得到了

很好的成效。将军装明确分为阅兵用、日常用、野战用三种，使军人可以正确地使用军装，并且简单明了地列出所有情况，写明什么时候在哪该穿哪件制服。

В 1919 году в Красной Армии впервые вводятся единая для всех военнослужащих форма одежды и знаки различия для командного состава. 16 января 1919 года РВСР приказом № 116 ввел нарукавные знаки различия командного состава: под красной звездой красные суконные треугольники для младшего комсостава, квадраты для среднего и ромбы для старшего и петлицы с

1919年苏俄红军首次采用统一的军装和区分部队成员的标志。1919年1月16日共和国革命军事委员会116号命令宣布了用于区分队伍成员的臂章：下级成员的标志是在红五星下有红色呢绒三角符号，中级是正方形符号，高级是菱形符号，

расцветкой по родам войск.

Исследуя развитие военной формы в России, даже в мире, можно отметить одну особенность. Она заключается в зависимости между функциональными качествами мундира и воинским духом армии, его морально-психологическим состоянием. Таким образом, так же как неразрывно судьба армии связана с судьбой общества, так же армия связана с её военной одеждой. Изучая историю мундира как развитие системы военной регламентации или знаковой системы, можно увидеть еще одну грань в изучении истории русской армии и Российского государства в целом.

并用各色领章区分兵种。

研究俄罗斯甚至世界军装的发展，应该注意到一个特点，那就是军装不仅含有军队制服的功能实用性，它还体现了军人精神、道德心理状态等。因此，军队的命运和社会的命运分不开，军队和军装也同样密不可分。通过将军队制服历史视为军队条例体制或符号体系的发展过程来进行研究，我们能够从另一个角度来了解俄罗斯军队以及整个国家的历史。

单词释义

снаряжения	（为士兵配备的）的装备，装具	эволюционировать	演变，发展
порядка	秩序，条理	погон	肩章
стрелец	射击军士兵	демаскировать	识破伪装，暴露伪装
щиколотка	脚踝	пришивание	缝上，镶上
стоячий	立着的，竖着的	моральный	道德的，精神上的
застегнуться	（把自己衣服）扣上纽扣	подразделить	分成（若干部分，若干类）
обмундирование	（全套）制服	нарукавный	袖上的
металлический	金属的	неразрывно	分不开地，牢不可破地
		грань	边界，方面，角度

文化链接

在军装的一步步发展过程中，人们最重视的环节是军装是否便捷实用，而不是它是否华丽好看，军服上的肩章就是一个很好的例子。之前一直流传着一个错误的认识，那就是人们认为军服上的肩章最早是战士铠甲肩部用于抵御马刀攻击的金属薄片，而且这个误解年复一年地被人们错误地传播，甚至出现了很多不同的版本，以至于很多军人都对这个观点深信不疑。而事实上只要人们稍微仔细地观察一下过去几世纪欧洲的图画、插图、版画和军服式样图就会发现，在17世纪以前，军人肩上没有出现过任何样式的肩章。而且通过进一步研究会发现，即使是服装统一要求严格的俄罗斯火枪兵的军装上也没有肩章。

光荣的肩章

事实上，肩章最早出现在彼得一世1683到1699年间组建的步兵和掷弹兵的军装上，它的出现充满了纯粹的实用目的——为了扛弹药包、手榴弹包或者行军背包。肩章的用途决定了它的位置和形状，最初肩章只在士兵的左肩上有一个，肩章的下部被紧紧缝在与袖子的接合处，上部用扣子固定在衣服上。而军官由于不需要扛包裹，所以一开始并不存在军官用的肩章，也由于肩章只是为了扛包裹，所以骑兵和炮兵队伍中的士兵也一律没有肩章。但很快肩章就由于在军装上十分显眼而被人们用于装饰，到了1762年，肩章开始有了第二个用途，那就是通过肩章的颜色不同，人们可以辨别士兵所属的确切部队。同时人们也尝试用肩章来区分士兵和军官，在同一个部队中的士兵和军官肩章的缝制方法出现了差异。

亚历山大一世即位之后，肩章的意义再次有所增加，样子也发生了变化。从1802年开始按照部队中各师的团编号明确规定肩章的颜色，并在上面注明所属师的编号。而军官则开始在右肩上也佩戴肩章，为了区别于士兵，还在肩章的边缘处绣上了金边。1803年开始士兵们也佩戴双肩肩章，而军官们的肩章已经加入了装饰的元素。到1843年，肩章上开始缝上官阶条纹，用来区分士官与普通士兵，并识别士官的级别，随后军官的肩章也用于标注相应的官衔，而后直到1917年以前，肩章逐渐成为了单纯用于隆重场合军装的装饰。

3 Пышный наряд царского дворца

Царский дворец всегда представляет собой центр государственной политики, и жители там обычно имеют самое высокое социальное положение, о котором можно легко судить по их внешнему виду, особенно по их костюму.

На Руси до XVI в. обычно одежда царя ничем не отличалась от повседневной одежды знати. Однако в торжественных случаях, особенно во время приема послов, царь облачался в драгоценные одежды, поражавшие чужеземцев своей роскошью и богатством.

Царское облачение состояло из платна — сшитого из золотых тканей распашного длинного одеяния без воротника, сильно расширенного книзу, с широкими, недлинными рукавами и застежкой встык . Сверху надевали круглый, довольно широкий воротник — бармы. Бармы застегивались сзади на пуговицы, расшивались жемчугом, каменьями, на них нашивали небольшие иконки. Поверх барм надевался золотой «наперсный» крест или окладень — золотая цепь, состоящая из двуглавых орлов. Наперсный крест носился на персях, т. е. на груди. Облачение дополнялось скипетром (жезлом) и державой — полым золотым шаром с крестом

3 宫廷的华贵盛装

宫廷总是国家政治的中心地区，在那里生活的一般都是位高权重的人，他们的地位通过他们的外表，特别是着装就能轻易辨别出来。

16世纪前，罗斯时代沙皇的服装和贵族的日常服装没有什么两样，但是在隆重的场合，特别是接见外国使者的时候，沙皇都要换上名贵的服饰，向来者展示自己的荣华富贵。

沙皇的华贵服饰由几部分组成：皇袍——用金线织成的无领长袍，有宽大的下摆、较短的宽袖和对扣，衣服上面披着足够宽大的圆形披肩做领子，披肩上绣着不大的圣像图案，在背后用镶着珍珠宝石的扣子扣好。披肩前戴有“胸前十字架”或刻有双头鹰标志的金色勋章，十字架应戴在胸前。此外，这套行头中还要有君王权杖和上面带十字架、象

символизирующим власть царя над миром.

На голову царь мог надевать различные головные уборы — от тафьи до шапки Мономаха. Шапка Мономаха представляла собой кованную из золота тюбетейку, обтянутую бархатом с драгоценными камнями, с собольей опушкой и крестом сверху. По-видимому, это был подарок хана Узбека Ивану Калите, вместе с тем, не исключается, что шапка могла попасть на Русь из Византии еще в XII в. Обувью царя были короткие сапоги из сафьяна или бархата с дорогим шитьем, а с XVI в. — мягкие, богато украшенные туфли.

Боярский костюм дополнялся рукавицами с крагами, часто вышитыми, или перчатками, которые появились на Руси в XVI в., сумкой — калитой, подвешенной к поясу, а в торжественных случаях — богатым посохом высотой до плеча.

В России до XVIII в. все слои общества по-прежнему носили традиционный русский костюм. Замена русского платья общеевропейским модным костюмом произошла в начале XVIII столетия по воле Петра Первого и имела серьезное политическое значение. Петр, понимая важность торгового и культурного общения с

征着王权的金球。

沙皇头上戴的帽子多种多样，从各式绣花衬帽到莫诺马赫皇冠。莫诺马赫皇冠是金质的圆帽，上面铺满丝绒镶满宝石，貂皮镶边十字架作顶。这顶传奇的皇冠可能是金帐汗国的大汗乌兹别克送给伊凡·卡里塔的礼物，也有可能是早在12世纪从拜占庭流传至罗斯时代的。沙皇脚穿名贵刺绣的羊皮短靴或丝绒短靴，从16世纪开始则改穿装饰华贵的软鞋。

贵族通常会戴绣花长筒手套或短手套，这些手套是16世纪罗斯时代开始出现并流行的，此外还有挂在腰际的钱袋，而在隆重的场合则会带上齐肩高的华贵的长拐杖。

到18世纪以前，俄罗斯社会的各阶层都按照以前的传统着装，而俄罗斯人的服装风格在18世纪初按照彼得一世的意愿开始朝西欧的风格转变，这有着重大的政治意义。彼得大帝深知与欧洲各国贸易和文化交流的重要

Европой, посылал русских молодых людей за границу, пытался разбить домостроевские обычаи боярства, заставляя боярских сынков учиться и работать. Одним из средств борьбы со старозаветным боярством и местничеством была замена старинного боярского костюма, длиннополого и неудобного для работы, более удобной одеждой европейского типа.

Мужской костюм состоял из рубашки с кружевным жабо, камзола и кафтана, обычно суконного, сшитого узко в талию с расширенными полами. Наколенные штаны, чулки и башмаки с пряжками дополняли его. Волосы расчесывали на прямой пробор и спускали на уши. Однако некоторые носили модный в то время в Европе парик. Парики завивали в боковой части, сзади их укладывали косичкой с бантом. Наиболее распространенной формой шляпы была треуголка, с полями, узкими спереди и загнутыми с боков. Мужские костюмы были богато отделаны вышивками, галуном и т.д.

Начиная с 1700 года, когда по указу Петра I дворянам и горожанам было запрещено ношение старого русского костюма, мода России менялась под влиянием Запада. Смена

性，派俄罗斯的年轻人出国，尝试打破贵族守旧的习惯，强迫贵族子弟学习和工作。其中一个改变守旧贵族和官员的方法就是改变他们款式过长、不利于工作劳动的古旧贵族服装，而让他们穿方便的欧式服装。

男式服装包括收腰宽下摆的呢绒花边衬衫、坎肩和长衣，以及护膝的裤子、长袜和带扣子的鞋。头发则要求梳成平分头，下垂到耳朵上，但也有一些人追随当时欧洲的潮流戴起了假发，人们把假发卷在侧面，最后面编上带蝴蝶结的小辫子，而最流行的帽子是前窄侧弯的三角帽。男士的服装常装饰有华丽的绣花和饰带等。

从1700年彼得一世命令贵族和市民一律禁止穿过去的俄罗斯服装开始，俄国的服装样式就开始受到西欧的影响。但服装样式的改

форм костюма не прошла гладко. Многие горожане, особенно из купеческого сословия, считали короткополые модные кафтаны верхом неприличия. Сохранились гравюры, изображающие сцены, где солдаты насильно обрезают полы длинных кафтанов у купцов и бояр. Только новое служилое дворянство и большая часть молодежи сразу приняли нововведения. Для женщин переход к новому костюму был еще сложнее. Привыкшие к своим светелкам, одетые в тяжелые, скрывающие формы тела сарафаны, закрытые рубахи, с плотно покрытой головой, они согласно новой моде вдруг должны были одеваться в широко и глубоко декольтированные платья, стянуть талию, завить волосы в локоны.

Но встреченные вначале враждебно новые обычаи и костюмы за период петровского правления прочно вошли в быт дворянства и большей части городского населения. Прежние русские одежды остались только в быту крестьян, части купечества и мещанства, вносившего все же в традиционный русский костюм модные элементы. Но и дворянство еще не полностью отказалось от привычной старой одежды. Главным образом это выразилось в манере носить модный костюм. По старой

变并不顺利，很多市民，尤其是商人阶层，认为下摆很短的长衣穿在身上不成体统。流传下来的古代版画描述了当时的场景，士兵们强行剪掉了商人和贵族长衫的下摆，只有新晋的贵族和大部分的年轻人能快速适应新的潮流。女士服装的改革则更加复杂，习惯足不出户，穿着厚重遮住身材轮廓的无袖长衫，里面套着封闭的衬衫，裹着紧实的头巾的妇女们，突然按照新的潮流，收紧了腰部，扎起了发髻，穿上了宽大的坦胸露背的连衣裙。

但一开始受到人们抵制的新习惯和新服装，最终还是在彼得一世统治时期站稳了脚跟，为贵族和大多数市民所接受。过去的俄罗斯服装只有农民 、部分商人和市民还在穿，但或多或少都加入了一些新的样式元素在其中。贵族阶层并没有完全放弃旧的穿衣习惯，这主要体现在穿新式衣服的方法上，妇女，特别是年长的妇女，尽量遵循过去的习惯，用花边帽子和不同的

привычке женщины, особенно немолодые, старались прикрыть глубокое декольте, натянуть плотнее на волосы кружевной чепчик и различные наколки.

При Екатерине II в 70-90-е годы XVIII в. костюм столичного дворянства достиг невероятной пышности. Пример расточительства подавали многочисленные фавориты царицы — Орловы, Потемкин и многие, многие другие. В конце XVIII в. в 90-е годы, в России ощущается влияние моды Французской буржуазной революции: в моду входят легкие платья «нагой моды», подхваченные под грудью поясом. Правда, зимой русские дамы в отличие от француженок, выходя на улицу, все же надевали поверх них шубы на лисьем, беличьем либо куньем меху.

发饰将头发扎紧。

18 世纪 70~90 年代叶卡捷琳娜二世统治时期，彼得堡贵族的服装异常奢华，奥尔洛夫、波将金和很多其他的女皇宠臣都是奢华浪费的代表人物。到了 18 世纪末 90 年代的时候，俄罗斯的穿衣风格受到了法国资产阶级革命的影响：女士们流行穿轻便袒露的裙子，用腰带托起胸部，而冬天她们则不同于法国人了，大家出门上街还是要穿狐皮、松鼠皮或貂皮的大衣。

单词释义

внешний	外在的，外表的	разбить	打破，推翻
чужеземец	<旧>外国人，异国人	старозаветный	守旧的，保守的
облачение	（沙皇、内廷侍臣等穿的）庆典礼服	расчесать	梳平，梳整齐
иконка	（指小）圣像	галун	金带，金银饰边
тафья	（古时戴在帽子下面的）绣花衬帽	неприличие	不体面、不成体统的行为
тюбетейка	绣花尖顶小圆帽	нововведение	新措施，新办法
сафьян	（精制的）上等羊革	декольтированный	坦胸露背的
посох	长手杖，长拐杖	пышность	豪华，华丽
		буржуазный	资产阶级的

文化链接

在上文中已经提到，彼得一世统治时期对俄罗斯人，特别是俄罗斯贵族进行了一番大的革新，在宫廷中，服装上的巨大改变只是其中一部分，除此之外还有行为反处事方式的变化，最典型的体现就是《少年正镜》(«Юности честное зерцало») 的颁布。彼得一世改革的主要措施除了革除传统的宽袖长袍，剪掉全国城乡男人的胡子，还要改掉人们生活中的习惯。在彼得大帝远赴西欧考察时，国外的贵族夫人第一眼看到他都觉得仪表堂堂，天资极高，但后来一同用餐的时候彼得一世不会用餐巾，住宿的房间脏乱不讲卫生，让西方人感到惊讶和惋惜，这也让彼得大帝觉得没有面子，自尊心很受伤。因此他强烈希望改正祖国人民，特别是贵族的旧习惯，让他们学习欧洲上流社会的高贵礼仪，从而维护国家的形象，这样也利于与西欧诸国的外事活动和外交关系。在彼得一世新规范和新服装的改革过程中，最快接受的人群就是新晋贵族和年轻人，而这些人也成为彼得推进改革的主力，而《少年正镜》就是针对这个人群而制定的行为法典。

彼得一世改革与《少年正镜》

《少年正镜》，全称为《少年正镜，日常行为规范集》，在汉语中也有人译作《青春法典》，是18世纪初按照彼得一世的要求编纂的一本教育文献，作者不详，主要是遵循彼得改革的精神编写的。这本书的内容分为两部分，第一部分包含了字母、音节表、数字以及圣经的训诫，可以说是第一本公民通用字体和阿拉伯数字的教材。第二部分才是实质上的“守法镜”，即针对少年贵族和女贵族提出的行为守则，这也是第一本俄罗斯历史上的礼仪教科书。少年贵族被要求首先学习外语、骑术、舞蹈和剑术，而女子则要学习恭顺、尊敬父母，勤劳和少言寡语的美德。整本书规定了日常生活的方方面面，从餐桌礼仪到国家公务，形成了一套上流社会的行为新规范，远离不体面的活动、挥霍、酗酒、粗话，严格坚持欧洲上流社会的行为方式。

这本书常年被奉为社会上良好习惯和行为的规程手册，并以“口袋书”的形式出版，便于人们长期随身携带。它在当时十分畅销，1717年发行了两批次，而到了1719年更是发行到了第四版，此后还不止一次被重新印刷出版，一直到19世纪末。

4 Шуба на холодной территории России

В России почти каждая красавица имеет свою верхнюю одежду, которая шьётся из меха разных животных. И эта одежда, как известно, представляет собой шубу. Шуба — верхняя одежда для защиты организма от переохлаждения.

Пожалуй, история шубы начинается еще в пещерные времена, когда, для сохранения тепла, древний человек надевал на себя шкуры убитых животных. Потом, с течением времени, шкуры научились выделывать, сшивать и окрашивать. Само название изделия заимствовано из языка арабов. Именно «джуба», традиционная теплая одежда с длинным рукавом и украшением из мехов соболя и куницы, дала название современным меховым изделиям. А вот закупались соболя и горностаи арабами в России.

Шубы считаются традиционно русской зимней одеждой, но подобные меховые изделия были известны и в древнем Китае. На Руси шубы носили все прослойки общества: крестьяне ходили в шубах из овчины, зайца, а русские бояре

4 寒冷国度的毛皮大衣

在俄罗斯几乎每位漂亮的姑娘都有属于自己的一件衣服，用不同动物的毛皮制成，这就是众所周知的毛皮大衣，即为身体御寒而制的外衣。

毛皮大衣的历史大概要从穴居时代开始说起，当时为了保暖，古人把杀死的动物毛皮披在身上。之后，随着时间推移，人们学会了穿毛皮、织毛皮以及为毛皮染色，而这个制成品的名字则是来自阿拉伯语的外来语。用来形容用黑貂皮和貂鼠皮装饰的传统长袖保暖大衣的阿拉伯语“朱巴”一词，慢慢演变成了当今的毛皮制品的名字（俄语毛皮大衣的发音：漱巴），而阿拉伯人制衣用的黑貂皮和白貂皮自然是从俄罗斯买去的了。

毛皮大衣被认为是俄罗斯冬季传统服饰，但相似的毛皮制品在古代中国也很有名。在罗斯社会中，各个阶层的人都可以穿毛皮大衣：农民穿熟羊皮、兔皮制

надевали меховые изделия из соболя и куницы, песца и горностая.

Слово шуба впервые употребляется в российских письменных источниках в Суздальской грамоте 1382 года. Из-за суровых климатических условий на Руси старинные русские шубы были широкими, просторными, отрезными по линии талии, с большим отложным воротником. Шубы шили с таким расчетом, чтобы их можно было надеть поверх кафтана или зипуна. Различают крытые и нагольные. Нагольные шубы делали из распространенной и доступной всем шубной овчины; крытые шубы шились мехом во внутрь, сверху шубу покрывали различными тканями: сукном, парчой и бархатом. Заморским бархатом и шелком боярские шубы были на дорогом меху. Для шуб использовали мех лисиц и соболей, куниц и бобров, был и подешевле мех - из белки и зайца. Русская знать носила роскошные меховые шубы, которые были так богаты и нарядны, что на торжественных собраниях и

的毛皮大衣，而俄罗斯贵族穿的毛皮大衣则是由黑貂皮、貂鼠皮、北极狐皮和白鼬皮制成。

毛皮大衣一词是1382年在俄罗斯苏兹达里文案的书面文献中被首次使用，由于古代罗斯严酷的气候条件，古老的俄罗斯毛皮大衣宽松、肥大、齐腰粗，有大翻领，而之所以如此宽大，是为了人们能把毛皮大衣套在长衫或无领呢子衫的外面。挂里子的毛皮大衣和光板毛皮大衣有所不同，光板的毛皮大衣是用比较普遍和廉价的裘皮羊皮制成的，而挂里子的毛皮大衣是将毛皮缝在里面，外面用呢绒、绸缎和丝绒盖上，贵族穿的则是用昂贵的海外进口的天鹅绒和丝绸制成。制作毛皮大衣的动物毛皮原料有狐狸皮、黑貂皮、貂鼠皮和海狸皮，也有更便宜些的松鼠皮和兔子皮。俄罗斯的显贵穿十分华丽昂贵的毛皮大衣，在隆重的集会甚至是沙皇

даже царских приемах их не снимали, причем к ним надевали аршинные меховые горлатные шапки, опушенные черным соболем. Царская шуба украшалась бобровым или собольим воротником шириной в полметра. В парадных случаях шубу носили летом и в помещениях.

Существовало несколько типов шуб: турецкие шубы, польские шубы, наиболее распространёнными были шубы русского и турецкого фасонов. Разновидности шуб: столовую шубу цари надевали на пиры, санная шуба, становая шуба с перехватом в поясе, чистая шуба — без пуговиц.

Русские шубы походили на охабень и однорядку, но имели широкий отложной меховой воротник, начинавшийся от груди. Русская шуба была массивной и длинной, почти до самого пола, прямой, расширяющейся книзу — в подоле до 3,5 м. Спереди она завязывалась шнурками. Воротник и обшлаг были меховые. Пуговиц 3, 4, 9, 11, 14, 15, 24; чаще всего 11 штук. Шуба русская - была предметом гордости в Московской Руси; в ней оставались даже в

的接见时都不会脱掉，而且还要戴一俄尺高的黑貂皮帽。沙皇所穿的毛皮大衣的领子有半米宽，用海狸皮或黑貂皮制成。在一些隆重的场合，即使是夏天或在室内，人们也要穿上毛皮大衣。

当时存在几个不同种类的毛皮大衣——土耳其大衣、波兰大衣等，最普遍的样式是俄罗斯大衣和土耳其大衣；还有不同用途的毛皮大衣——沙皇在宴会上穿着、用来吃东西的大衣，供乘坐雪橇的大衣，为吃东西方便而设计的收腰大衣以及无扣的精致大衣。

俄罗斯的毛皮大衣有些像翻领大袍和单排扣无领男衣，但又有一直到胸前的宽大翻领，大衣宽大且长而笔直，几乎挨到地上，最宽的下摆处有 3.5 米宽，前面用带子系好；领口和袖口均为毛制；纽扣有 3、4、9、11、14、15、24 枚之分，最常见的是 11 枚。俄罗斯大衣是使莫斯科罗斯大公国自豪的服装，人们做客的时候在屋子

комнате при гостях. И турская шуба считалась чрезвычайно парадной. Она была длинной, со сравнительно короткими и широкими рукавами. Шуба турская - в XV-XVII вв. в Московской Руси парадная одежда носилась обычно внакидку.

Для женских шуб употреблялись различные меха: куница, соболь, лисица, горностай и более дешевые — белка, заяц. Шубы покрывались сукном или шелковыми материями разных цветов. В XVI веке принято было шить женские шубы белого цвета, но в XVII веке их стали покрывать цветными тканями. Сделанный спереди разрез, с нашивками по сторонам, застегивался пуговицами и окаймлялся расшитым узором. Лежавший вокруг шеи воротник делался из другого меха, чем шуба; например, при куньей шубе — из черно-бурой лисы. Украшения на рукавах могли сниматься и хранились в семье как наследственная ценность.

Несмотря на то, что первые шубы появились очень давно, они до сих пор являются предметом роскоши. Современная шуба является не просто тёплой одеждой, а также

里也要穿着它。而土耳其大衣特别隆重，衣身长，袖子相对短且宽，在15~16世纪的莫斯科罗斯大公国一般作为盛装披在身上。

女士毛皮大衣使用不同的毛皮：貂鼠皮、黑貂皮、狐皮、白鼬皮和较便宜的松鼠皮、兔皮等。大衣上加有不同颜色的呢绒或丝绸，16世纪女士大衣流行白色，但到了17世纪就流行彩色的织布了。大衣的袖子开口处两侧均有镶边，装有扣子，缝有精致的图案；颈部的毛领子用与衣身不同的毛皮制成，比如貂皮大衣，领子要用黑褐色狐皮；袖子上的装饰物可以拆卸下来，作为家珍保存在家中。

尽管最早的毛皮大衣出现得如此久远，毛皮大衣至今仍是珍贵的物件，现代的大衣不只是暖和的衣服，更是

показателем благосостояния. Разнообразие моделей, цветовых оттенков, типы меха не ограничиваются. Как и раньше, позволить себе шубу из благородного натурального меха могут далеко не все. Во все времена изделия из меха ценились крайне высоко.

财富的象征，款式、色彩、用料均可自由发挥。像过去一样，不是所有人都能拥有一件高品质的天然皮大衣，任何时候毛皮制品的价格都十分昂贵。

单词释义

мех	毛，毛皮	помещение	室，房间
переохлаждение	使过冷	пир	酒宴，盛宴
шкура	兽皮，（动物的）毛皮	перехват	束腰
прослойка	（社会中的）阶层	пуговица	扣子，纽扣
суровый	严寒的，寒冷的	внакидку	披着，披在肩上
отрезной	可剪下的，连接的，另接的	разрез	开口，开襟
заморский	来自海外的，异国的	благосостояние	富裕，福利
нарядный	服装漂亮的，盛装的		

文化链接

毛皮大衣在当今仍是贵重的奢侈品，人们在购买的时候总要思考再三，对于购买毛皮大衣的人，尤其是姑娘们来说，挑选一件适合自己的毛皮大衣是一件非常重要的事情，因为这件衣服不仅能保暖，更能体现自己的地位和品位，同时花出去的钱也不是小数目。如今毛皮大衣的种类繁多，那么应该如何挑选呢？

在选购皮毛制品之前，要先了解它的特点用途。如果您经常开车，那就选择水貂皮或其他毛皮裁剪制作的短大衣或短外套。这样衣服才更实用更舒适，用的时间也更长。而针对长期步行和逛街的人，毛皮大衣应该长而保暖，最好的材料是黑貂皮、狐狸皮和密绒羊毛皮，之后是北极狐皮、海狸皮、青紫兰兔皮、河狸皮、海狗皮和水貂皮，而白貂皮尽管贵，相比之下却并不那么保暖。因此，买毛皮大衣的人应该弄清楚，自己买毛皮大衣是用来做什么，是为了在交际晚会上

如何挑选毛皮大衣？

好看，还是为了日常穿着保暖。同时还应该思考一下自己想要什么毛皮制的大衣，一般水貂皮、狐皮和海狸皮十分流行常见，貂皮和青紫兰兔皮比较昂贵稀有，草原狼皮和负鼠皮在男士的上衣中较为常用。最耐穿的大衣是水獭皮和海狗皮做的，能穿 20 个冬天，海狸皮的大衣能穿 18 冬，波斯羔羊皮和水貂皮大衣能穿 10 冬，北极狐皮、熟羊皮、狐狸皮和黑貂皮大衣能穿 7 到 8 冬，松鼠皮、河狸皮、麝鼠皮和貂鼠皮能穿 4 冬，时间最短的是家兔皮和青紫兰兔皮，只能穿 2~3 冬。

还要弄清楚的是，自己需要怎样的毛皮，是剪裁好的还是保留完整的，是染过色的还是未加工纯天然的。一般如染色之类的专业加工是会提高制成品价格的，这类染色大衣一般都紧跟潮流，引人注意，只要染色过程是严格按照技术规定进行的就不会对产品质量产生任何影响，因此不用害怕染过色的毛皮大衣质量不好。但选择染色的还是天然色的，选择怎样的颜色，都是按照自己的需要，因人而异的。

为了选到货真价实的毛皮大衣，应该仔细观察所用毛皮的成色，大衣上的毛料应该摸上去光滑柔软手感好，看上去光亮，而如果逆着摸过去，不应该感觉粗糙或折断，还应用手挤压大衣的下摆，如果是好的材料，那么被挤压的部分很快就恢复原来的形状。另外还应注意大衣的重量是否合适，是不是太重了些，但同时大衣并不是越轻越好，穿着舒服并不是判断重量的唯一标准，因为有的不法商人为了减轻重量节省原料，会用力拉扯毛皮，导致毛料的密度下降，后果就是衣服穿着不御寒。衣服的重量是由毛料的长度、磨砂加工水平和保暖层决定的，应该多方面地考量之后再选择合适的重量。

最后，要了解毛皮大衣定价的原则，一般是根据缝制水平、商标、款式和毛皮数量质量定价，毛皮越是小块拼接，衣服就越便宜，同时要计划好自己的购置资金，一方面不能买了太贵的衣服远远超过预算，另一方面也不能贪小便宜，很容易上当受骗。

第3章　克里姆林宫的钟声

1. 充满变革的俄国政史
2. 虔诚的东正教信徒
3. 上帝与俄罗斯同在
4. 普京神话
5. 走近梅德韦杰夫

3 克里姆林宫的钟声

1 Политическая история России с реформами

Политическая история России тесно связана с правителями русского государства. Из поколения в поколение переменились князья, цари и императоры, в то же время изменились политический курс и обновительные мероприятия. Чтобы разбраться в сегодняшнем политическом положении в России, прежде всего надо изучать её политическую историю. В этой статье мы будем рассказывать о некоторых известных политических событии в истории России.

Важнейшей чертой политической истории русского государства являются многочисленные реформы, направленные на дальнейшее развитие и укрепление русского централизованного государства. Для осуществления своих полномочий, царь опирался на бояр, и в определённые периоды разделял свою власть с Боярской думой и Земским Советом.

1 充满变革的俄国政史

俄罗斯的政治史与俄国历代统治者紧密相关。大公、沙皇、皇帝一代接一代地更换，同时大政方针和改革措施也在不断变化着。为了弄清当今俄罗斯的政治态势，首先应该研究它的政治史。这篇文章我们将讲述一些俄罗斯历史上有名的政治事件。

俄国政治史最主要的特点就是通过大量改革来进一步发展和巩固俄罗斯的中央集权。为了实现自己的权力最大化，沙皇依靠贵族阶级，并在一定时期将自己的权利分给贵族杜马和缙绅会议。

Первым царём на Руси был Иван IV Грозный. Особенно государственный и политический талант Ивана Грозного раскрывают реформы 50-х годов XVI века. Общей чертой реформ является их антибоярская направленность. Провозглашая эти реформы, правительство Ивана IV изображало их как мероприятия, цель которых заключалась в том, чтобы ликвидировать последствия боярского правления и укрепить экономические и политические позиции тех социальных групп, чьи интересы оно выражало и на которые опиралось, - дворян, помещиков и верхи посада.

Пётр I — царь всей Руси из династии Романовых и первый император всероссийский. Он был провозглашён царём в 1682 году в 10-летнем возрасте, стал править самостоятельно с 1689 года. Пётр первым из русских царей совершил длительное путешествие в страны Западной Европы. По возвращении из них, в 1698 году, Пётр развернул масштабные реформы российского государства и общественного уклада. Петровские преобразования, затронувшие практически все сферы жизни Российского государства, вне всякого сомнения, оказали определяющее воздействие на весь дальнейший ход исторического процесса в России. Петр I стал первым абсолютным монархом

俄罗斯的第一任沙皇是伊凡四世，即伊凡雷帝。他突出的治国和政治才能在16世纪50年代的改革中得到发挥。这次改革的特点是反对贵族的倾向。伊凡四世政府以措施的形式宣布这些改革，目的在于消除贵族的权力影响，并加强庄园主、地主、商界上层人士等政府依靠并共享利益的社会团体的经济和政治地位。

彼得一世是俄罗斯公国罗曼诺夫王朝的沙皇，也是俄罗斯帝国的第一位皇帝。1682年，10岁的他成为沙皇，1689年开始独自理政。彼得一世是第一位完成去西欧诸国漫长旅行学习的沙皇，1698年从西欧回国之后，他就开始了大刀阔斧的国家和社会制度的改革。彼得一世的改革实际上涉及到了俄罗斯国家生活的方方面面，毫无疑问，这次改革影响到了俄罗斯之后整个的历史进程。彼得一世成为俄国历史上第一位

в истории российского государства. Царь сохранял функции высшего судьи в государстве. Он возглавлял все вооруженные силы. Все акты органов власти, управления и суда издавались от его имени. Монарх рассматривался как верховный носитель законодательной и исполнительной власти.

独裁君主。他掌握国家的最高决策权力，拥有全部武装力量，所有行政和执法机关听他号令，他被视为最高的立法者和执行者。

В 1721 г. в связи с победой России в Северной войне Сенат и Духовный Синод преподнесли Петру I титул «Отца Отечества, Императора Всероссийского». Результат реформаторских начинаний Петра состоял в превращении мало кому известной страны в российскую империю. Становление российской империи сопровождалось внедрением многих новшеств, позволивших России занять подобающее ей место среди государств Западной Европы.

1721 年，随着俄罗斯在北方战争中的胜利，枢密院和主教公会授予彼得一世“国家之父，全俄皇帝”的尊号。彼得大帝的改革将并不见经传的国家变为了俄罗斯帝国。俄罗斯帝国的建立伴随着诸多革新的实施，使俄罗斯在西欧国家中占有一席之地。

Время царствования Екатерины II называют эпохой “просвещённого абсолютизма”. Смысл “просвещённого абсолютизма” состоит в политике следования идеям Просвещения, выражающейся в проведении реформ, уничтожавших некоторые наиболее устаревшие феодальные институты. Мысль о государстве с просвещённым монархом, способным преобразовать общественную жизнь на новых,

叶卡捷琳娜二世统治时期称为“开明专制”时代。“开明专制”的意思就是在执政中遵循法国启蒙运动的思想，体现于改革之中，消除一些最古旧腐朽的封建体制。这种关于开明君主以全新、理性的方式改造社会生活的治国理念在 18

разумных началах, получила в XVIII веке широкое распространение. Сами монархи в условиях разложения феодализма, вызревания капиталистического уклада, распространения идей Просвещения вынуждены были встать на путь реформ. Развитие и воплощение начал “просвещённого абсолютизма” в России приобрело характер целостной государственно-политической реформы, в ходе которой сформировался новый государственный и правовой облик абсолютной монархии.

Декабристы — это в основном дворянская военная молодежь, усвоившая идеи западного либерализма о народном суверенитете, освобождении личности, гражданских свободах. Восстание должно было начаться летом 1826 г., однако выступление декабристов ускорено смертью Александра I в ноябре 1825 г. Переприсяга Николаю I была назначена на 14 декабря 1825 г. Обстановкой кризиса власти и решили воспользоваться декабристы: вывести войска на Сенатскую площадь, помешать присяге Николаю I и потребовать у членов Сената и Государственного совета обнародовать "Манифест к русскому народу", в котором провозглашались отмена крепостного права,

世纪得到了广泛传播。君主在封建体制分崩离析，资本主义制度逐步成熟，开明思想广泛传播的情况下开始了改革。俄罗斯“开明专制”政策的发展和落实具有完整的国家政治改革特点，在此过程中形成了全新的君主专制体制下的国家和法律面貌。

十二月党人主要是了解国家主权、个人解放、公民自由等西方自由主义思想的年轻贵族军人。十二月党人起义本该开始于1826年夏天，但是由于沙皇亚历山大一世的死亡而提前到1825年11月进行。1825年12月14日沙皇尼古拉一世即位，十二月党人决定利用政权出现危机的形势，带领军队到达枢密院广场，干扰尼古拉一世的宣誓典礼并要求枢密院成员和国务会议颁布“致俄国人民公告”，并在其中宣布废除农奴制，宣布政治上公民所拥有的权

политические и гражданские права и свободы, вводилась всеобщая воинская повинность и облегчалось положение солдат. Но восстание не было подготовлено, Сенат и большая часть Петербургского гарнизона уже присягнули Николаю I. Находящиеся на площади солдаты и офицеры были разогнаны артиллерийским огнем.

После первой мировой войны русский народ встретили конец монархии. Потом образовался СССР. Правление Сталина, Холодная война и Распад СССР для нас уже известны. Ведь на протяжении многих веков политика всегда играет важную роль в развитии русского государства. Культ личности и другие факторы остались до сегодняшнего времени и влияют на современную политику Российской Федерации.

利和自由，采用普遍兵役制和减轻士兵的困难处境。但起义并没有准备充分，枢密院和大部分彼得堡驻防军早已向尼古拉一世宣誓效忠，广场上的起义士兵和军官受到火枪兵的炮火扫射。

第一次世界大战之后，俄罗斯人民迎来了君主制的终结，之后苏联建立，斯大林的统治、冷战和苏联解体都早已为我们所熟知。可以见得，在许多世纪的历史长河中，政治在俄国的发展中总是起到重要的作用。个人崇拜和其他因素保留至今，影响着当代俄罗斯联邦的国家政治。

单词释义

обновительный	革新的	верховный	最高的，主要的
разобраться	搞清楚，弄明白	титул	爵位，封号
многочисленный	众多的，大量的	сопровождаться	伴有，伴随有
опираться	以……为支柱，靠……支撑	абсолютизм	专制政体，独裁政治
провозгласить	宣布，公布	феодальный	封建的
ликвидировать	中止，消除	воплощение	体现
помещик	地主，领主	суверенитет	主权
династия	王朝，朝代	присяга	宣誓
править	统治，治理	крепостной	农奴的，农奴制的
преобразование	改造，改革	культ	崇拜

文化链接

了解了俄罗斯的政治史之后，下面介绍一下当今时代俄罗斯的政治制度。

如今俄罗斯是总统共和制的民主联邦国家。1990 年 6 月 12 日被认为是后苏联时期俄罗斯当代史的开始。在这一天，俄罗斯苏维埃联邦社会主义共和国的第一届人民代表大会以几乎是百分之百的票数通过了俄罗斯国家主权宣言。过了一年后举行了俄罗斯第一任总统的选举。在 1994 年，俄罗斯国家主权宣言通过日被定为国家节日，并于 1998 年正式改为现在的俄罗斯日。

俄罗斯国家元首是总统，总统由公民按照平等、直接的原则，以不记名的投票方式选举产生，任期为 4 年。总统同时也是俄罗斯联邦武装力量总司令。总统和政府是国家执行权力机关。政府主席（总理）经过俄罗斯下议院国家杜马协商后由总统任命。俄罗斯联邦会议是国家的立法权力机关。它由上议院联邦委员会和下议院国家杜马组成。

俄罗斯宪法、民法、行政管理条例和刑法是俄罗斯司法机构的执法依据。俄罗斯的司法机构包括俄联邦宪法法院、俄联邦最高法院、俄联邦最高仲裁法院和各级地方司法机关（联邦主体、州、地区和市级的司法机构）和仲裁法庭系统。

俄联邦政府大楼

在加入欧洲理事会（1996 年）之后，俄罗斯也在欧洲法院的司法管辖下。所以目前欧洲法院对俄罗斯联邦及俄罗斯公民来讲是最高的司法机构。

俄罗斯联邦实行多党制。该体制始于 1993 年。正是在这个时期，依据俄罗斯新宪法，半数以上的俄罗斯下议院国家杜马议员是按照党派名单通过选举进入议会的。今天俄罗斯多党制在不断地发展。

2001 年 6 月，根据俄罗斯总统普京提议，通过了《政党法》。该法律生效后，只有各党派和有政党参与的选举团体才有权利推荐候选人参加各级选举。而对于单席位选区的选举也有相应的法律规定。《政党法》同时还制定了其他一系列的规定：

1. 在总统、议会、州长和其他选举中推举自己的候选人。长时间忽视选举对政党的利益没有好处。这样会对该政党成员带来各种不愉快事件，包括取消注册资格。

选举

2. 联邦党派必须拥有不少于 1 万名成员和在至少一半以上联邦主体内建有人员不少于 100 名的党派分部。

3. 每年各党派必须提交给司法部年度财务报表，这些财务文件可以公开发表。

所有这些措施使联邦级政党规模更大、影响力更强，更具透明性。

2 Благоговейные православные

Православие означает направление в христианстве, оформившееся на востоке Римской империи в течение первого тысячелетия н.э. В России самой большой религией является православие, которое уже имеет более 1000-летней истории в территории этой страны.

Христианство проникло на Русь до разделения Церквей, когда понятия "православие" и "католичество" были еще синонимами. Князь Владимир после неудачной попытки создать единый для всех восточных славян пантеон языческих богов, решил принять в качестве объединяющей идеологии христианство. Принятие христианства также было призвано поднять авторитет Руси на международной арене. С просьбой прислать христианских миссионеров Владимир обращается в Константинополь, с которым уже имелись регулярные политические и культурные контакты. Легенда "Повести временных лет" о "выборе веры" Владимиром, повествующая о принятии им православия в силу наибольшего "благолепия" его обряда. В 889 году Владимир крестился сам, а также крестил дружину и народ. За это Владимир был позднее

2 虔诚的东正教信徒

东正教是公元10世纪前东罗马帝国形成的基督教的一个分支。在俄罗斯，最大的宗教就是东正教，在俄罗斯这片土地上已经有1,000多年的历史。

基督教传入古罗斯还是在教会分裂以前，当时“东正教”和“天主教”两词还是同义，尚未产生区别。弗拉基米尔大公曾在东斯拉夫多神教信仰的众神之中挑选主神，尝试失败后他决定将基督教作为罗斯统一的宗教，引入基督教这一举措使得罗斯在当时的国际舞台上提升了自己的威信。弗拉基米尔大公向已经有正规政治与文化交往的君士坦丁堡提出派基督传教士来的请求，在关于弗拉基米尔大公“信仰选择”的《往年纪事》中记载，选择东正教是因为它的仪式最“壮丽宏伟”。889年弗拉基米尔大公接受洗礼，随后他的亲兵和子民也接受了洗礼，在这之后，弗拉基米

причислен Православной Церковью к лику святых и объявлен "равноапостольным".

Иерархически Русская Церковь до 1447 г. была подчинена Константинопольскому Патриархату и все русские епископские кафедры в течение веков были заняты греками. После официального разрыва между Католической Церковью и Константинопольским Патриархатом, все подчинённые Византийской Церкви восточные Патриархи и епископы, в том числе и русский, который также был греком, встали на ее сторону. Греческие епископы сознательно настраивали русских людей, особенно князей, против католичества. В то время в борьбе за власть русские князья старались опираться на авторитет Церкви. Одним из примеров может служить князь Андрей Боголюбский, способствовавший возвышению Северо-Восточной Руси и использовавший для этого авторитет чудотворной иконы Божией Матери, похищенной им из Ростова.

Татаро-монгольское нашествие заметно отразилось на жизни Русской Церкви. Многие храмы и монастыри были разрушены, тысячи верующих были убиты. После татаро-монгольского ига в январе 1589 г. Константинопольский патриарх Иеремия II

尔被东正教会列为圣徒，并奉为“圣者”。

随后一直到1447年，俄罗斯的教会都按照等级排序受到君士坦丁堡牧首（宗主教）教会的管辖，并且所有俄罗斯的主教均是由希腊人担任的。在天主教正式与君士坦丁堡牧首教会分裂之后，所有处于拜占庭教会管辖之下的牧首与主教，包括俄罗斯的希腊人主教，都要支持拜占庭教会，希腊主教蓄意挑唆俄罗斯人民，尤其是王公反对天主教。当时俄罗斯王公们在争夺权力的过程中都试图依靠教会的威信，其中一个例子就是王公阿列克谢·波戈留波夫斯基，他从罗斯托夫抢来经常显灵的圣母玛利亚圣像，并依靠它的威望推动了东北罗斯地位的提高。

鞑靼蒙古的入侵十分明显地影响了俄罗斯教会生活，许多教堂和修道院被毁，上千的信徒被杀害。鞑靼蒙古人的桎梏结束之后，在1589年1月，君士坦丁堡牧首耶米亚二世任命莫斯科都主

возвел московского митрополита Иова в патриаршее достоинство. Вслед за этим по его же благословению произошло возвышение и увеличение чинов русской церковной иерархии, чтобы сделать ее полномочной избирать Патриарха на соборе. С введением патриаршества была окончательно закреплена автокефалия Русской Православной Церкви.

В процессе формирования централизованного российского государства Православная Церковь становится всё более зависимой от светской власти. В середине XVII века царь Алексей Михайлович попытался использовать православие в качестве идеологической базы для создания единой всеправославной империи с центром в Москве. Для этого требовалось унифицировать православные обряды, которые к тому времени уже значительно различались в Русской Церкви и в Восточных Православных Церквах, возглавляемых греческими иерархами. Под руководством Патриарха Никона (1605 – 1681) была предпринята спешная правка русских богослужебных книг и, соответственно, обрядов по греческим образцам, что вызвало протест у наиболее активных представителей

教约夫为牧首，在这之后俄罗斯的宗教地位得以提升，成为可以全权选择教会牧首的国家。通过引入牧首制，俄罗斯东正教会最终确立为独立于东正教君士坦丁堡的自主教会。

在统一俄罗斯国家的形成过程中，东正教会越来越依赖于宗教之外的政权。在17世纪中叶，沙皇阿列克谢·米哈伊拉维奇试图利用东正教作为思想信仰基础，建立以莫斯科为中心的统一信仰东正教的帝国。为了达到这一目的，必须要统一东正教的仪式礼俗，但当时的俄罗斯教会和从属于希腊教会体系的东方各东正教会在这一点上有很大的不同。在牧首尼康（1605~1681年）的领导下进行了俄罗斯祈祷书的紧急修改，相应的，希腊式的传统仪式礼俗也被修改，这引起了俄罗斯宗教界最活跃代表们的反对。牧首管辖下的部分

русского духовенства. Неприятие частью духовенства проводимых Патриархом реформ вскоре привело к открытому противостоянию и вызвало раскол в Русской Церкви. Возникло «старообрядчество», распавшееся впоследствии на множество толков и согласий. В то же время, чрезмерно возросшие амбиции Патриарха Никона (он даже начал именовать себя "государем") привели к его столкновению с Алексеем Михайловичем, в результате чего он был низложен и сослан. Таким образом, в отношениях между русской церковью и государством был установлен приоритет государственной власти.

В эпоху Петра I подчинение Церкви светской власти стало полным. В 1721 г. по образцу протестантских стран был составлен "Духовный регламент" – законодательный акт об управлении Церковью. Согласно "Духовному регламенту", высшей властью в Церкви обладает император, от имени которого церковное управление осуществляет духовная коллегия, получившая наименование Святейший Синод. Она формировалась императором и возглавлялась президентом в сане митрополита. Фактическим руководителем церковного ведомства был обер-прокурор

宗教僧侣对改革的不满很快便导致了公开的对抗，并引起俄罗斯东正教会的分裂。出现了旧教派（旧礼仪派），之后又解体为许多的派别和团体，同时牧首尼康不断扩大的野心（他甚至自称“沙皇”）导致他与沙皇阿里克谢·米哈伊拉维奇的冲突，最终被罢黜流放。这样，在俄国教会与国家的关系中，国家政权的优先权得到了确立。

在彼得一世统治时期完成了政教合一后，在1721年，按照新教国家的方式颁布了《宗教章程》——关于管理教会的立法条令。根据《宗教章程》规定，沙皇拥有教会中的最高权力，得名“圣主教公会”的宗教委员会代表沙皇管理宗教事务。圣主教公会由沙皇建立，管理宗教事务的实际领导是圣主教公会的总监、“主教公会中的君王眼线”——监督主教公会行动的官员。宗主教制不复存在，教会实质上变为了国家处理思想信

Святейшего Синода, "око государево в Синоде" – чиновник, осуществлявший надзор за его деятельностью. Патриаршество упразднялось. Церковь по сути превратилась в один из государственных институтов, занимающийся вопросами идеологии. Императрица Екатерина II продолжила эту политику, лишив Православную Церковь остатков экономической самостоятельности. Согласно Манифесту от 26 февраля 1764 г. большая часть монастырских и архиерейских вотчин передавалась под полное управление Коллегии экономии Синодального правления.

Статус государственной Церкви с одной стороны ставил православие под полный контроль светской власти, но одновременно давал Православной Церкви преимущество перед всеми остальными религиозными течениями, обеспечивая покровительство государства. Православная Церковь осуществляла и ряд полицейских функций, например, в ее задачи входила борьба с инакомыслием и выявление политически ненадежных подданных. Священникам вменялось в обязанность передавать полиции сообщенные на исповеди сведения о политической неблагонадежности граждан. Все русские жители империи по закону должны

仰问题的一个机构。女皇叶卡捷琳娜二世继续这个政策，剥夺了东正教会经济上的独立。按照1764年2月26日公告，大部分修道院和高级僧侣领地都转为由主教公会的经济委员会全权管理。

国家管辖教会的情况一方面使东正教处于政权的全面控制之下，但同时也给予了东正教会相比其他宗教派别所没有的优势，那就是保证了国家对宗教的保护。教会也具有了一系列的警察职能，例如它的职责包括打击异端思想、解放政治反动分子等，牧师教士被责成把人们忏悔中透露的关于政治不可靠人士的信息通报给警察局。所有的俄罗斯人民按照法律都应该从属于东正教会，一年至少要忏悔一次、领一次圣餐。转投其他基督教分支（比如天主教）或者转投其他宗教要被处以流放和苦役。

20世纪初，俄罗斯东正教会共有55, 000个教堂，100, 000个

были принадлежать к Православной Церкви, не реже одного раза в год исповедоваться и причащаться. Переход в другое христианское исповедание (например в католичество) или, тем более, в другую религию наказывался ссылкой и каторгой.

В начале XX века в Русской Церкви насчитывалось 55 тыс. храмов, 100 тыс. священников и диаконов. В 1242 монастырях проживало более 50 тыс. монахов. Церковь имела 64 епархии и около 40 викариатов; ее епископат составлял свыше 100 архиереев. В начале 1917 г. из 182 млн. жителей Российской империи 115 млн., или более 63% числились православными. Русская Православная Церковь являлась самой крупной из всех поместных Православных Церквей.

牧师教士等上级神职人员和助祭辅祭等低级神职人员。在1, 242个修道院中居住着50, 000多修道士，教会有64个主教辖区以及将近40个代理辖区，主教团由100多个高级僧侣组成。在1917年初，1亿8, 200万的俄罗斯帝国人民中，有1亿1, 500万人是东正教信徒，超过总人口的63%，俄罗斯东正教会成为所有领地制东正教会中最大的教会。

单词释义

православие	东正教，正教
проникнуть	渗入，深入到，传播到
разделение	分配，分裂
пантеон	（多神教的）众神
миссионер	传教士
обряд	仪式，典礼
креститься	受洗，领洗
епископский	主教的
возвышение	上升，增长
нашествие	入侵，侵入
патриарх	（东正教的）牧首，宗主教
унифицировать	使统一
протест	坚决反对，抗议
амбиция	狂妄的自尊心，自负，野心
ведомство	部门机关，管理
вотчина	世袭领地，封地
подданный	臣民，子民
исповедоваться	作忏悔
причаститься	领圣餐

文化链接

东正教是与天主教、新教并列的基督教三大派别之一，亦称正教。又因为它由流行于罗马帝国东部希腊语地区的教会发展而来，故亦称希腊正教。325 年尼西亚公会议后，东西派教会间的矛盾日益尖锐。330 年君士坦丁一世迁都君士坦丁堡后，两派在谁居教会首席问题上争斗愈烈。到 1054 年，终于酿成东西教会大分裂。自 9 世纪起，东派教会已逐渐向保加利亚、基辅罗斯等国发展。1054 年后，拜占廷帝国日益衰落。1096 年，罗马教皇乌尔班二世组织十字军东征，1204 年第四次十字军攻占君士坦丁堡，东正教普世牧首区被迫迁往尼西亚。15 世纪 30 年代，奥斯曼土尔其帝国进攻拜占廷，君士坦丁堡向西方求救。罗马教皇尤金四世乘机于 1438 年召开佛罗伦萨公会议，旨在使东派教会屈服，要求东西教派合一，从而确立教皇的首脑地位。由于东正教会的让步，次年 7 月会议通过东西教会合一决议，确认教皇为“基督在世代表”，具有全权地位，史称佛罗伦萨合一，但由于东派教会内反对派的抵制，合一未果。1453 年，拜占廷帝国被奥斯曼土耳其帝国征服。

东正教的小知识

拜占廷帝国灭亡后，俄罗斯等一些斯拉夫语系国家相继脱离君士坦丁堡普世牧首的直接管辖，建立自主教会，逐渐形成用斯拉夫语的俄罗斯正教。自主教会是指在法规和行政方面享有全部独立权，并可自选大主教和主教的教会；有时也指不依附于教郡都主教管辖的个别地区。1589 年，俄罗斯正教会取得自主地位，建立牧首区。此后，使用俄罗斯正教礼仪的教会，常通称为俄罗斯正教。1653 年至 1665 年，牧首尼康实行教会改革，统一宗教礼仪。其结果是，教会与沙皇争权，发生冲突，牧首尼康被罢免。1721 年，沙皇彼得一世为防止牧首与其争权，颁布新的宗教事务管理条例，取消牧首制，成立主教公会。1917 年沙俄专制制度被推翻后，俄罗斯正教会又开始恢复了牧首制，此制迄今仍在实行。东正教不赞同天主教的“使徒教区”观念，而认为应根据各国或各城市的实际需要，在经济或政治重要地区设立牧首区。牧首区下辖管数个首府主教区，主教区领袖称为主教，所有主教都职掌同样的圣事职责，依教区的大小不同，有些主教被称为总主教或是都主教，范围更大的地区或是国家教会的主要主教，则被称为大主教。东正教反对天主教会倡导的“所有神职人员均需独身”，其神职人员分为出家、在家两个系统。结婚的在家者可成为诵经士、副辅祭、辅祭、大辅祭、司祭、大司祭，出家修行者可成为修士、修士辅祭、修士大辅祭、修士司祭、修士大司祭、主教、大主教、督主教、都主教、牧首。东正教主教头戴圆顶帽，身穿银白色或黑色神袍，胸挂圣像，手持令牌。举行仪式时，东正教除了可使用希腊语外，还可使用地方民族语言，祈祷时，东正教徒用三个手指（拇指、食指和中指）在胸前自上向下，自右向左画十字。

3 Бог с Россией

В начале 80-х годов XX века на территории СССР оставалось всего 6,7 тыс. православных храмов. К середине 80-х годов Русской Православной Церкви принадлежало 20 монастырей, из них лишь 3 – в Российской Федерации. Хотя в прошедшие 70 лет Русская Православная Церковь резко ослабилась, её судьба потом изменилась.

В 1988 г. на государственном уровне было отпраздновано 1000-летие Крещения Руси. В апреле того же года состоялась встреча патриарха Пимена и других членов Синода с М. Горбачёвым, после чего Церковь получила право свободной богослужебной, миссионерской, духовно-просветительской, благотворительной и издательской деятельности. После распада СССР в 1991 году, русская Церковь является единственной структурой, сохранившей свою целостность практически на всем пространстве исторической России. Действующая Конституция Российской Федерации гарантирует «свободу совести, свободу вероисповедания, включая право исповедовать индивидуально или совместно с другими любую религию или не исповедовать никакой, свободно

3 上帝与俄罗斯同在

在20世纪80年代初前苏联的国土上总共只剩下6,700座东正教教堂，到80年代中期俄罗斯东正教会只掌握着20所东正教修道院，其中只有3所在俄罗斯境内。虽然在过去的70年中，俄罗斯东正教会被急剧地削弱，但它的命运在之后得到了改变。

1988年在苏联以国家级别庆祝了罗斯受洗1,000周年，在同年4月宗主教皮缅和其他主教公会成员与戈尔巴乔夫举行了会面，在此之后东正教会获得了自由进行祈祷、传教、神学教育、募捐和出版活动的权利。1991年苏联解体之后，俄罗斯东正教会成为仅有的在俄罗斯历史上保存完整的机构。现行俄罗斯宪法保证“信仰自由、宗教自由，包含独自或联合他人加入任意宗教或不加入任何宗教的权利，自由

выбирать, иметь и распространять религиозные и иные убеждения и действовать в соответствии с ними». В течении последних 20 лет всё уверенней слышатся голоса по поводу «православного возрождения» в России. Открываются церкви, представители Русской Православной Церкви всё чаще выступают на телеканалах, а избрание на патриарший престол митрополита Кирилла вообще было отмечено всяческими знаками внимания со стороны Кремлевской администрации. По данным всероссийского опроса, проведённого ВЦИОМ в марте 2010 года, 75 % россиян причисляют себя к православным христианам. Около 73 % православных респондентов соблюдают религиозные обычаи и праздники. Русская Православная Церковь играет такую заметную роль в политическом пространстве России, что сегодня в условиях «возрождения православия» не можно не вызывать вопросы о политическом значении Русской Православной Церкви, ее отношении к государству.

История взаимодействия власти и Церкви в России имеет богатые традиции, причём в разных исторически сложившихся условиях. Очевидным является тот факт, что часто власти зависели от духовенства. Принято выделять несколько моделей взаимодействия церкви

选择、拥有和推广宗教或其他思想并照此行事的权利”。近20年来，“东正教复兴”的声音越来越坚定，教堂开放，俄罗斯东正教会代表越来越经常地出现在电视上，都主教基里尔被选为宗主教也引起了克里姆林宫当局的各种关注。根据全俄社会舆论研究中心2010年3月的调查数据显示，75%的俄罗斯人属于东正教，将近73%的被调查者表示遵守宗教习俗和节日。俄罗斯东正教会在俄罗斯政治空间中具有如此重要的作用，以至于在如今“东正教复兴”的情况下，人们十分关注教会的政治意义以及它与国家的关系。

俄罗斯政权与宗教的相互合作在历史上有很多先例，而且是在不同的历史条件下，很明显的一个事实就是政权常常要依靠宗教界。政教之

и государства. В православной традиции наиболее известной является концепция «симфонии Церкви и Государства», когда в их отношениях устанавливается обоюдное сотрудничество, взаимная поддержка и взаимная ответственность, без вторжения одной стороны в сферу исключительной компетенции другой. Государство при симфонических отношениях с Церковью ищет у нее духовной поддержки, ищет молитвы за себя и благословения на деятельность, направленную на достижение целей, служащих благополучию граждан, а Церковь получает от государства помощь в создании условий, благоприятных для проповеди и для духовного «окормления» своих чад, являющихся одновременно гражданами государства. То есть, проще говоря – церковь не вмешивается в реальное управление страной, а государство во внутренние дела патриархата.

В формате симфонии Церковь становится центром духовной, интеллектуальной и культурной жизни общества, не посягая при этом на светскую власть, и осуществляет православную миссию. Как говорил Патриарх Алексий II, «...любой гражданин, особенно православный, призван осознавать ответственность за своих ближних, за страну, за народ, за их настоящее и будущее,

间的相互协作一般分为几种，在东正教传统中最有名的莫过于“教会与国家和谐共处”的方式，双方之间确立彼此的合作，相互的支持以及互相之间的责任，一方不利用职权干涉另一方的事务。在这种关系中，政府向教会寻求宗教支持，寻求宗教为自身服务公民利益的政治活动祷告和祝福，而教会则从政府那里得到帮助，以形成有利于在国家公民中传教和培养宗教信徒的条件。简单来说，就是宗教不干涉国家的行政，国家也不干涉宗主教会的内部事务。

在和谐共处的方式下，教会成为了社会宗教、精神和文化生活的中心，在不触犯世俗政权的情况下完成东正教的使命。按照宗主教阿列克谢二世所说，“……任何一位公民，尤其是东正教徒，应该意识到对自己的亲属、对国家、对人

поэтому каждый гражданин должен участвовать в выборах, внося свой вклад в созидание обновленной России». Церковь в России – «Третьем Риме» становится центром формирования смыслов, а также ключевым институтом гражданского общества. Церковь высказывает свою позицию по всем актуальным вопросам государственной и общественной жизни. Кроме того, значительным является влияние Церкви также в сфере науки, культуры, образования, медицины и молодежного движения.

В современной обстановке можно часто наблюдать сотрудничество представителей властных структур и представителей Русской Православной Церкви. Особенно ярко подобного рода взаимодействие видно на примере Москвы, где осуществляется строительство храма Христа Спасителя - символа могущества духа русского народа, ведется реставрация других религиозных памятников, под эгидой мэрии г. Москвы и РПЦ проводятся научные конференции и т.д. Но не только столичные власти проявляют подобные инициативы. Во многих других регионах происходят похожие процессы, которые отличаются лишь масштабностью. В сегодняшние дни президент и премьер РФ регулярно посещают

民、对他们的现在和未来的责任，因此每一位公民都应该参与到选举之中，为俄罗斯的复兴建设做出自己的贡献。”人称“第三罗马”的东正教会成为了思想形成的中心，同时也是世俗社会的关键机构，教会对在国家和社会生活中出现的迫切问题都会表明自己的立场。除此之外，教会在科学、文化、教育、医疗和青年活动中的影响也十分广泛。

在现今形势下可以经常看到政权机构与俄罗斯东正教会的合作。类似的相互协作中最明显的例子是，在莫斯科市长的指挥下修建了象征俄罗斯人民精神意志的救世主耶稣教堂并修复了其他宗教遗迹，同时教会在莫斯科召开学术会议等。但不只是首都政府，在许多其他地区也有类似大规模的动作。如今俄罗斯联邦总统和总理定期拜访牧首，讨论关于祖国宗教复兴事务中宗教、国家和社会的相互协作的迫切问题并互赠礼物，同时他们还经

Святейшего Патриарха, обсуждают актуальные вопросы взаимодействия Церкви, государства и общества в деле духовного возрождения Отечества и дарят друг другу подарки. В то же время они часто присутствуют в разных конференциях и церемониях вместе с Патриархом. РПЦ постоянно развивает тесное сотрудничество с государством.

Таким образом, церковно-государственные отношения в современной России в основном строятся по принципу относительного невмешательства церкви и государства. Наиболее широким представляется сотрудничество в социально-культурной сфере. Православная церковь и православие в ее лице уже является одним из самых важных источников морально-нравственного возрождения русского государства.

常与牧首共同出席各种不同的会议和典礼，俄罗斯东正教会不断与国家间发展着密切的合作。

由此可见，当代俄罗斯的宗教国家关系在宗教国家互不干涉原则下得以建立，在社会文化领域的合作最为广泛，东正教会和它所代表的东正教，已经成为了俄罗斯国家道德复兴中最重要的一环。

单词释义

принадлежать	归……所有，受……掌握支配
ослабиться	变弱，减退
отпраздновать	庆祝
распад	离散，瓦解，解体
конституция	宪法绣花衬帽
возрождение	恢复，复兴，重建
причислить	列入……，算做……，属于……
симфония	交织，交响曲
вторжение	入侵，侵入
благословение	祝福，赞许
вмешаться	干涉，干预
созидание	创造，建设
ключевой	关键的，主要的
обстановка	形势，局势，环境
реставрация	恢复原状，修复，复原
строиться	建立（在……基础上）

文化链接

俄罗斯人信奉东正教，视东正教为国教，想要了解俄罗斯人，学习与俄罗斯人的交往之道，弄清他们的宗教是一大途径。东正教思想在很多俄罗斯人的脑海中根深蒂固，在他们还是小孩子的时候就被送去接受洗礼，之后跟着家长按时去做礼拜，吃圣餐，在忏悔室中忏悔自己的行为。俄罗斯人使用的是儒略历，狭义基督教的圣诞节是每年 12 月 25 日过，但俄国人是 1 月 7 日，此外一年中还有复活节等重要节日，总共 12 个。受到宗教思想影响，俄罗斯人认为生前穷苦节俭为好，但有趣的是，俄罗斯的东正教教堂都是金碧辉煌，十分恢弘华丽，原来，在俄罗斯人眼中，教堂是上帝所在天堂的象征，教堂的样子便是人们心中美好的天堂。

俄罗斯人的东正教思想

同时俄罗斯人有很多带有浓郁宗教特点的习惯，他们有“左主凶右主吉”的传统思想，认为左手握东西或递东西、食物等是失礼行为。有时候说了晦气的话要向左面吐口水，以免被魔鬼听到。俄罗斯的东正教信徒从骨子里惧怕魔鬼撒旦，认为是不洁的东西，他们平时不能说出魔鬼的名字，认为如果说了就会招来魔鬼，随即便有灾难降临到自己头上。他们偏爱 3、7 等数字，是潜意识中受到圣父圣子圣灵三位一体、一周 7 天的影响，而周日正是俄语中“复活”的同音词，也是做礼拜的日子，不管是在俄罗斯的民间传说中，还是在人们日常所说的俗语谚语中，这两个数字都是最具人气的数字：在传说中的英雄人物往往是皇帝的第三个儿子，路上走了三天三夜或往返三次才完成使命；平时我们常说的“三思而后行”，在俄语中说的是“量七次再剪裁”，“少数服从多数”在俄语中是“七个人不等一个人”等等。

俄罗斯的宗教文化博大精深，教堂有严格的等级制度，建筑风格各有不同，但内饰也十分统一严格，教堂的每一部分都有自己的意义和用途，在做礼拜和过宗教节日的时候也有着许多严格的习惯，如吃圣餐的时候要双手交叉，过程中不能有食物掉到地上；妇女来做礼拜一定要戴头巾，女孩到了一定年龄就被劝说尽早出嫁等。还有很多约定俗成的习惯，如男士要为妇女和小孩让路，让她们优先。

在俄罗斯人的生活中，宗教早已不是一个独立的体系，而是渗透在日常活动和思想的方方面面，在俄罗斯人中具有普遍的共识性。当然，在比较之下，俄罗斯人对东正教的信仰也有程度之分，有些严谨的东正教徒在自己生命垂危的时候要求通过宗教手段来救治，而不去医院依靠科学手段治疗，又往往凭借着自己的信仰和意志成功地从死亡边缘获救，不得不说是一种令人称奇的现象；也有的俄罗斯人虽然是东正教徒，但在按时做礼拜、斋戒时严禁食用的食物上对自己的要求没有那么严格，这种现象也是存在的。无论如何，了解并尊重他们的宗教信仰，是对俄罗斯人文化的一种深层次的探索，也是理解和认同他们行为方式的有效途径。联系一两位俄罗斯的朋友，尝试用他们的角度去理解事物，也是一件有益有趣的事情啊！

4 Легенда Путина

Владимир Владимирович Путин — сегодняшний премьер-министр Российской Федерации и председатель самой большой в России партии "Единой России". Как отмечает издание, рейтинги поддержки Путина в России никогда не опускались ниже 65%. В глазах большинства русских Владимир Путин является лучшим государственным деятелем в мире.

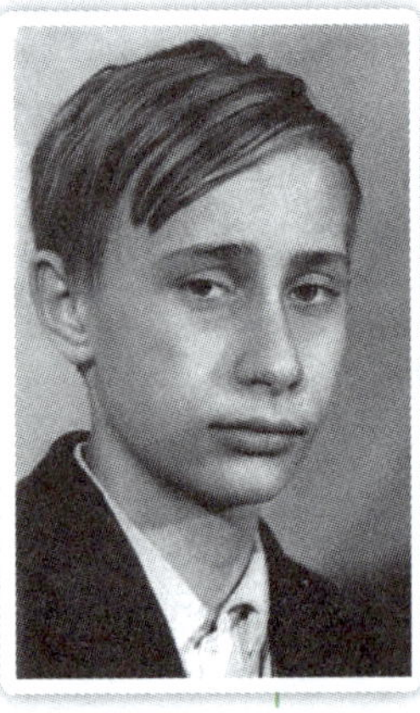

Путин родился 7 октября 1952 года в Ленинграде. Путин старательно учился в школе, будучи одним из лучших учеников. Особенно Путину давались языки. Молодой Владимир Путин проявил к изучению языков поистине незаурядные способности . Детские годы Путина являются типичными годами подростков того времени. Спорт занимает большое место в его жизни. В 11 лет он поступил в секцию борьбы. Путин много времени занимался самбо и дзюдо, достиг больших успехов. Он стал мастером спорта и чемпионом Ленинграда. Это было первая большая победа в биографии Путина. Путин любил свой родной город. Его жизнь неразрывно связана с этим городом на Неве. Будучи президентом Путин постоянно навещает

4 普京神话

弗拉基米尔·弗拉基米尔维奇·普京——现今的俄罗斯联邦总理，“统一俄罗斯党”主席。根据刊物上登出的数据，普京在俄罗斯的支持率一直保持在65%以上，从未下降到这个数字以下，在大多数俄罗斯人的眼中，普京是世界上最好的国家领导人。

1952年10月7日普京生于列宁格勒（今圣彼得堡），他作为学校中最优秀的学生之一，学习十分努力。尤其在语言方面，普京表现出了十分杰出的学习能力，成绩很好。普京的童年和当时其他孩子一样，没有什么特别。体育在他的生活中占有很大的比重，11岁时他参加了摔跤兴趣小组，还花了很多时间练习桑搏和柔道，并取得很不错的成绩，他成为体育健将，拿了列宁格勒的桑搏冠军，这是他人生中第一次大胜。普京爱自己的故乡，他的人生经历和这座涅瓦河流经的城市息息相关，当了总统后，普京

Ленинград.

В начале семидесятых Владимир Путин поступает в Ленинградский университет. Путин считался отличным студентом. Прекрасная память и упорство президента помогли Путину достигнуть больших успехов в учёбе. Он прекрасно овладел немецким языком. Уже став президентом, Путин рассказывал, что ещё с детства он увлекался советскими фильмами о разведчиках и мечтал работать в органах государственной безопасности. Окончив в 1975 году юридический факультет Ленинградского государственного университета, В.Путин был направлен по распределению в КГБ СССР. С 1985 по 1990 год работал в ГДР, в Дрездене. Однажды он, будучи в разведке в Германии, встречался с информатором. Заметив за собой «хвост», Владимир Владимирович незаметно высадил информатора из машины, а сам поехал дальше, держа всю дорогу над соседним сиденьем шляпу, чтобы преследователей не покидала уверенность, что в машине едут два человека.

В 1991 начинается новый этап биографии Путина – политическая карьера. Путин стал советником председателя Ленсовета Анатолия Собчака. Собчак был одним из преподователей Путина в университете. После избрания Собчака

还时常回列宁格勒转转。

70年代初普京进入列宁格勒大学学习，是一名优秀杰出的大学生。得益于自己的好记性和顽强的意志，他在学习上取得了很大的成功，很好地掌握了德语。成为总统之后，普京曾说，还在童年的时候他就对讲述侦察员故事的苏联电影感兴趣，并且梦想能够到国家安全部门工作。1975年当普京结束在列宁格勒国立大学法律系的学习之后，被分配到苏联克格勃机构工作，1985年至1990年工作于东德的德累斯顿。有一天，他在侦查过程中与一个情报员见面，当发现后面有“尾巴”跟踪后，他在完全没有令对方察觉的情况下把情报员送下车，然后自己继续开车，全程在邻座上举着一顶帽子，让跟踪的人坚信车上有两个人。

1991年，普京的政治生涯阶段开始，他成为当时列宁格勒市苏维埃主席阿纳托利·索布恰克

мэром Санкт-Петербурга 12 июня 1991 года Путин был назначен председателем Комитета по внешним связям мэрии. На этом посту он курировал вопросы привлечения инвестиций в экономику города, открытия совместных предприятий, сотрудничества с иностранными партнерами. Путин пользовался большим авторитетом как в команде Собчака так и в городе. Выезжая из Петербурга по каким либо делам Собчак оставлял как основного своего заместителя именно Путина. После поражения Собчака на выборах в мэрию Путин отошел от дел. Но через некоторое время в жизни Путина произошел решающий перелом. 9 августа 1999 года Путин был назначен исполняющим обязанности председателя правительства Российской Федерации.

31 декабря 1999 года, после того как президент Ельцин досрочно ушел в отставку, Путин стал исполняющим обязанности президента РФ. 26 марта 2000 года Путин был избран президентом РФ, одержав победу в первом туре выборов. 7 мая 2000 года вступил в должность президента Российской Федерации став лидером страны. Во время первого президентского срока он осуществил реформу

的顾问，这位索布恰克是普京大学时代的教授。在1991年6月12日索布恰克被选为圣彼得堡市长之后，普京被任命为圣彼得堡市对外联络委员会主席。在这个职位上普京负责监管圣彼得堡吸引经济投资、开办合资企业以及和外国合伙人合作的问题。在索布恰克的行政团队和圣彼得堡这座城市中，普京都建立了很大的威信，索布恰克离开圣彼得堡外出办事的时候，就留下普京代理自己的事务。在索布恰克竞选连任市长失败之后，普京离开了原来的职位。但没过多久他便经历了人生中决定性的转折，1999年8月9日普京被任命为俄罗斯联邦代总理。

1999年12月31日，总统叶利钦提前卸任之后，普京成为俄罗斯联邦代总统。2000年3月26日普京在第一轮选举中胜出，被选为俄罗斯联邦总统。5月7日上任，成为国家元首。在第一届总统任期期间，普京进行了国家联邦制

федеративного устройства страны; произвёл заметные кадровые перестановки в высших эшелонах власти; вступил в противостояние с так называемыми олигархами; совершил стратегический поворот во внешней политике России, выбрав курс на сближение с Западом. При Путине экономика России достигла заметных успехов. Владимиру Путину удалось за три года пребывания на посту президента в значительной степени реализовать цели, которые он перед собой ставил. 14 марта 2004 года Путин был переизбран на пост президента, получив на выборах 71 процент голосов. В 2008 году должен был завершиться второй президентский срок Путина, после чего, в соответствии с конституцией, ему предстояло покинуть свой пост. 10 декабря был решён вопрос о преемнике Путина: президент одобрил предложенную руководством четырех партий кандидатуру Медведева. Медведев, в свою очередь, в случае победы обещал назначить Путина премьер-министром России. Еще до официальной передачи власти преемнику Путин согласился занять пост председателя Единой России, заявив при этом о желании остаться беспартийным.

В ноябре 2010 года В. В. Путин занял 4-е место в рейтинге самых влиятельных людей

改革和最高权力集团人员的大批调整，对寡头进行整治，采取亲西方政策方针，完成了俄罗斯内政的战略转型，这期间俄罗斯经济也取得了重大成就。普京用了 3 年时间，很大程度地实现了自己的既定目标。2004 年 3 月 14 日总统改选，普京得到 71% 的选票，连任总统。2008 年普京第二届总统任期即将结束，按照宪法普京将期满离任。

12 月 10 日普京接班人的问题得到解决：普京对四党一致提名的候选人梅德韦杰夫接任总统表示赞同，梅德韦杰夫也在赢得总统选举之后提名普京做俄罗斯总理。在权力正式交接之前，曾表示希望保持无党派状态的普京同意担任统一俄罗斯党主席一职。

2010 年 11 月普京在福布斯世界最具影响力人物排行中排名第四。至于普京的支持率，他算得上是俄罗斯自 1999 年来最具人气的

мира, составленном американским журналом Форбс. Что касается уровня поддержки Путина, то он является самым популярным политиком в России с 1999 года. Путин баллотировался на президентских выборах РФ в 2012 году. По всей России прошли митинги, на которых люди выступали за или против третьего президентства Путина. Наконец Владимир Путин набирал 63,71% голосов избирателей и с огромным преимуществом выигрывал выборы в первом туре. Мы уверены в том, что легенда Путина ещё не кончается.

政治家。普京参加了2012年俄联邦总统大选，在俄罗斯各地都有群众集会活动，人们在集会上对普京的第三任总统任期发出支持或反对的呼声。最终普京获得了63.71%的选票，并以巨大优势在选举首轮胜出。我们相信，普京神话仍将继续。

单词释义

рейтинг поддержки	支持率	эшелон	梯队，集团
опуститься	下降，下落	олигарх	寡头
разведчик	侦查员，谍报员，间谍	переизбрать	重新选举，改选
распределение	分配，分布	покинуть пост	离职
высадить	使下车	преемник	（某一职位的）继任者，接班人
курировать	监管		
перелом	转折	баллотироваться	参加选举
отставка	退职，退休		

文化链接

普京作为俄罗斯的政治领袖，不仅有着令人佩服的“政治铁腕”风采，更有着其独特的个人魅力，他学桑博、擅柔道，游泳、骑射样样精通，时而驾驶摩托飞驰，时而操纵飞机灭火，麻醉老虎、射杀灰鲸更是不在话下。

论长相，俄罗斯总统普京绝不是那种让人一见钟情的美男子，身高据说约为1.70米。但在去年的一项民意调查中，普京以绝对优势当选为女性眼中世界上最有魅力的男士。还有人写歌寄怀，歌名叫做《嫁人就嫁普京这样的人》，还有人拍美丽日历献给普京庆生。最近总统大选日益临近，更是有普京的美女支持者自发组织起来免费为来往人士洗车，为普京竞选总统造势。普京之所以备受女士青睐，其中一个重要原因是，他无论何时出现在公众面前，总是显得容光焕发，精力充沛，阳刚之气十足。

同时，“硬汉普京”也被画入了漫画中，在漫画家卡列尼克推出的作品《全能超人》中，普京化身全能超人，具有北欧日耳曼民族的外貌特征，神力在于“能让所有人都把他当自己人”。梅氏则成为其助手，他们共同与“基地”组织恐怖分子和蛇神作战，在公共汽车上拆弹。该漫画在“超级普京”网上进行连载。

俄罗斯的“超级英雄”

其实，“超级普京”正是普京的支持者对他的一种热爱，由于种种历史条件的原因，人们对普京的行事风格充满崇拜，而且经过多年热度丝毫不减。在很多俄罗斯人和媒体眼中，一个幻想中的超级英雄应该是能文能武，勤政爱民，不仅担负着复兴民族的大任，更有着干练的处事态度和善良的内心，而这一切都在普京身上成为了现实。柔道黑带六段，每天坚持锻练，时常去林中骑马打猎，去湖里钓鱼游泳，喜好尝试新的事物，有冒险精神等诸多令人羡慕称赞的品质塑造起了普京的外部形象，而他征服大众更多的是他内心的英雄气概。在2010年的俄罗斯森林火灾中，他亲自驾驶别－200灭火飞机在梁赞州参加灭火工作；他射箭麻醉老虎和白熊，帮助专家给这些珍贵野兽带上用于监测的项圈；他为嘻哈音乐歌手颁奖，参加少年冰球队训练，更是在慈善晚会上弹钢琴唱歌曲，以表他对慈善事业的支持。这一切平易近人的举动，有别于他在政治上的强硬，为他在民众中的另一面形象又加了不少分。

正因如此，普京的超级英雄形象才得以建立，或许在一些民主人士的眼里，他过于“专制霸道”，在一些西方国家看来，他时常“蔑视人权”，但俄罗斯人对他的支持却始终是一个坚定不变的事实。或许普京不是一个完人，但作为一个国家领导人，他为自己的祖国所付出的辛苦和他对国民的热爱，确实值得人们尊敬。

5 Знакомство с Медведевом

«Я абсолютно убеждён в том, что в силу истории, размеров нашего государства, сложнейшего этноконфессионального состава нашего государства не существует альтернативы президентской форме правления. Вот в этом я убежден на 100%», — сказал Медведев, «Несменяемости элит не должно быть ни на федеральном, ни на региональном уровнях.» Медведев и Путин как обычно находились в центре внимания. О Путине мы уже немало раскaзывали, в этот раз давайте подробно познакомимся с Дмитрием Анатольевичем Медведевым.

Дмитрий Медведев коренной петербуржец. Родился в 1965 году в семье интеллигентов — его отец, Анатолий Афанасьевич, преподавал в технологическом институте имени Ленсовета, мама, Юлия Вениаминовна, — филолог по образованию, работала в techинституте имени Герцена. Вырос будущий президент российского государства на рабочей окраине в Купчино. Учился Дмитрий Медведев в школе № 305, учился на одни «четвёрки» и «пятёрки». «Он очень старался, всё время посвящал учёбе, —

5 走近梅德韦杰夫

“我完全相信，由于我们国家历史、规模和复杂的民族宗教结构，俄罗斯除了实行总统制政体之外没有其他的选择。在这点上我100%确信。”梅德韦杰夫说，“社会精英的不定期更换不应出现在联邦政府中，也不应出现在地区机构中。”梅德韦杰夫与普京一如既往地成为人们视线的焦点。关于普京我们已经讲了不少，这次让我们更详细地了解一下德米特里·阿纳托利耶维奇·梅德韦杰夫。

德米特里·梅德韦杰夫是土生土长的圣彼得堡人，他1965年出生于一个知识分子之家——爸爸阿纳托利·阿法纳西耶维奇在列宁苏维埃技术院校教书，妈妈尤莉亚·韦尼阿明诺夫娜是在赫尔岑师范学院工作的教育语言学家，这位未来的俄罗斯总统就在库普金诺区长大。他在第305中上学，成绩优异，“他十分努力，所有时间都用来学习。”他的第

рассказывает его первая учительница — Его редко можно было застать на улице с ребятами. Он походил на маленького старичка...»

После школы Дмитрий успел потрудиться в питерском Политехе лаборантом и поступил на юридический факультет ЛГУ—главную на сегодня кузницу управленческих кадров в России. Лучше рассмотрел Дмитрия Медведева его научный руководитель Валерий Мусин — по любопытному совпадению, он же был и научным руководителем Владимира Путина. По словам Мусина, несмотря на спокойный характер, Медведев всегда выделялся своими лидерскими качествами и усердием. Закончив юрфак ЛГУ и аспирантуру, Медведев остался работать в альма-матер преподавателем. Тут грянула перестройка, и его учитель Анатолий Собчак, до того возглавлявший кафедру частного и гражданского права, неожиданно стал мэром Северной столицы. Нашлась работа в питерской мэрии и Медведеву. В 1991 году он становится советником Собчака и одновременно экспертом комитета мэрии по внешним связям, то есть непосредственным подчинённым бывшего офицера КГБ Путина. Именно тогда, в начале 90-х, судьбы бывшего президента и его преемника пересеклись. В июне 1996-го Собчак проиграл

一位女老师说，“他很少在街上和其他孩子玩耍，像一个小老头……”

中学毕业之后，梅德韦杰夫在彼得堡技术学院当实验员，工作出色，之后考入列宁格勒国立大学法律系——如今俄罗斯储备领导干部的主要基地。梅德韦杰夫的导师瓦列里·穆辛更加了解梅德韦杰夫，巧合的是，他也是普京的导师。按照穆辛所说，尽管梅德韦杰夫性格平和，但他总能以自己的领导才能和勤奋热心显得与众不同。在法律系研究生毕业后，梅德韦杰夫留在母校任教，而之后发生了意想不到的转变，之前教他民法的老师阿纳托利·索布恰克出乎意料地当上了圣彼得堡的市长，于是梅德韦杰夫也到了市政府工作。1991年他成为索布恰克的顾问，同时还是市政厅对外关系专家，即前克格勃军官普京的直接下属。就是从那时开始，前任总统普京与他的继任者梅德韦杰夫的命运便交织在一起了。1996年6月索布恰克竞选连任市长失败，

губернаторские выборы, и его команда осталась не у дел. Путин уехал в Москву, а Медведев ушёл в бизнес. Ещё в 1993 году он стал одним из основателей фирмы «Финцелл», которая вскоре учредила ЗАО «Илим Палп Энтерпрайз» (ИПЭ). Сегодня это один из гигантов российского (и мирового) лесопромышленного бизнеса. Медведев работал в юридическом департаменте «Илим Палп». После перехода в администрацию президента в 1999 году Медведев ушёл из лесопромышленной компании.

Новая жизнь Медведева началась в ноябре 1999 года, когда он стал заместителем руководителя аппарата правительства, которое тогда возглавлял Путин. Сразу же после исторического обращения Бориса Ельцина к народу и его «отречения от престола» Медведев становится заместителем главы президентской администрации. В 2001 году Медведев был избран заместителем председателя Совета директоров ОАО «Газпром», с июня 2002 года — председатель Совета директоров ОАО «Газпром». С момента его прихода в "Газпром" началась постепенная, аккуратная, но результативная работа по оптимизации внешнеэкономической деятельности и

他的班底也没有了工作，普京去了莫斯科，而梅德韦杰夫则投身商业。还在1993年他就是Финцелл公司的创始人之一，之后就成立了Илим Палп Энтерпрайз封闭型股份公司，如今这家公司已经是俄罗斯甚至世界木材企业的巨头之一了，当时梅德韦杰夫在该公司的司法部工作，1999年到总统办公厅工作之后，他就离开了这家木材公司。

梅德韦杰夫从1999年11月开始了他的新生活，他在普京的邀请下，做了政府办公厅副主任。没过多久，鲍里斯·叶利钦发表讲话卸任，之后梅德韦杰夫便成为总统办公厅副主任。2001年梅德韦杰夫被选为俄罗斯天然气工业股份公司Газпром的董事会副主席，2002年6月起开始担任董事会主席一职。从他来到Газпром那时起，就开始了按部就班、细致准确而又富有成效的工作，发展了对外经济事务，提高了企业在国内的社会影响。除此之外，Газпром逐步实现煤气管道在全国范围内的铺设，

повышению социальной роли компании внутри страны. Кроме того, "Газпром" последовательно осуществляет газификацию страны, обеспечивая доступ "голубого топлива" более чем в 300 населенных пунктов в год.

保证了一年对 300 多个居民点的天然气供应。

В ноябре 2005-го Медведева назначили первым вице-премьером. Дмитрий Медведев возглавляет ряд постоянных комиссий, таких как комиссия по интеллектуальной собственности, российская часть Смешанной Российско-Таиландской комиссии по двустороннему сотрудничеству. В 2007 году Медведев был выдвинут в качестве преемника Путина на посту президента. Основным аргументом в пользу этого выдвижения было то, что Медведев призван обеспечить преемственность власти. Медведева формально выдвинули в качестве кандидата в Президенты РФ 10 декабря 2007 партии «Единая Россия», «Справедливая Россия», «Гражданская сила» и Аграрной партией России. К выборам были допущены только неопасные оппоненты — Зюганов, Жириновский и Богданов. Бывшего премьера Касьянова, который мог бы представлять опасность для Медведева, к выборам не допустили. На выборах 2 марта 2008 года Медведев официально набрал 70% голосов от числа проголосовавших. 7 мая 2008

2005 年 11 月，梅德韦杰夫被任命为第一副总理，任职期间他主持了一系列的常务委员会，如知识产权委员会、俄罗斯泰国双边合作委员会等。2007 年他被提名作为普京总统职位的接班人，提名的根本原因在于梅德韦杰夫可以保证权力的继承。梅氏在 2007 年 12 月 10 日正式被统一俄罗斯党、公正俄罗斯党、公民力量党和俄罗斯农业党四党一致提名为下届总统候选人。其他来参加总统选举的对手都不具威胁——久加诺夫、日里诺夫斯基和博格丹诺夫，而可能对梅氏构成威胁的前总理卡西亚诺夫并未参选。在 2008 年 3 月 2 日的总统大

选中，梅德韦杰夫以 70% 的票数正式当选总统。5 月 7 日举行了梅

прошла инаугурация Дмитрия Анатольевича Медведева. Он официально вступил в должность президента Российской Федерации.

На время правления Дмитрия Медведева пришлись крупномасштабная военная операция Грузии против сепаратистской республики Южная Осетия, финансовый кризис и рецессия в России, и пришлись многие другие события. В 2012 году должен быть завершиться первый президентский срок Медведа, трудно сказать, какова будет его политическая карьера. Но уже ясно, что после завершения политической карьеры Медведев хотел бы "обязательно преподавать", а, кроме того, "и средствами массовой информации заниматься", то есть журналистикой. Об этом сказал он во время беседы с журналистами.

德韦杰夫的总统就职典礼，他正式就任俄罗斯联邦总统。

在梅氏执政时期发生了格鲁吉亚对南奥塞梯的大规模武装行动、俄罗斯的金融危机经济低迷以及很多其他事件。2012年梅德韦杰夫第一届总统任期即将期满，很难预料他的政治生涯将怎样发展。

但已经明确的是，在结束政治生涯之后梅德韦杰夫可能“务必要教教书”，或者除此之外“搞搞传媒”，也就是新闻工作，他在接受记者采访的时候如是说。

单词释义

в силу	由于，因为	выделиться	出众，突出
альтернатива	选择，可能性	непосредственный	直接的
коренной	本地的，当地的	пересечься	相交，交叉
интеллигент	知识分子	учредить	创立，建立
посвятить	把……献给……，把……用在……上	отречение	退位
		газификация	安装煤气设备
кузница	锻炼处，熔炉	оппонент	敌人，对手
совпадение	相同，相似，吻合	инаугурация	就职典礼

文化链接

梅德韦杰夫是自1917年之后俄罗斯最年轻的国家元首，同时他也是第一位在与国民的交流形式上力求创新的国家领导人。他使用的交流媒介是“视频博客”，他建立了自己的个人网站，2008年10月7日他在自己的网站上放出第一段网络视频，讲述的内容为2008年的全球金融危机。梅德韦杰夫本是一名大学教授，却历经巧合步入了政界，在接受记者采访的时候他说政治事业结束之后将教书或做新闻工作，从这一点上可以看出梅氏除了总理总统这些职务工作之外，也有着生活化的一面。

生活中的梅德韦杰夫

在之前提到的漫画《全能超人》中，对梅德韦杰夫的刻画也突出了其特点，在漫画中他名为熊（梅德韦杰夫姓氏的本义），是全能超人普京的助手。熊是个纳米人，外形与总统没有分别。他性格幽默，擅长变化，到处拿着ipad，称之为自己的主要魅力所在。这凸显了这位年轻总统对电子产品和高端电子技术的热爱，尤其是苹果公司的产品，在iPhone还没有在俄罗斯正式销售和通过审核之时他就已经入手了一部，2010年又是抢先全国一步用上了iPad，在他的网站视频中更是出现了Apple MacBook Pro和MacBoor Black两款笔记本电脑，而在iPhone4在2010年6月美国上市的前一天，“苹果之父”乔布斯则是送了梅德韦杰夫一台。

此外，俄罗斯总统梅德韦杰夫博览群书，是古典文学的爱好者。他自称最喜爱的作家是布宁和契诃夫，还特别推崇陀思妥耶夫斯基。同时他也喜欢历史书籍，包括克留切夫斯基、卡拉马金等人写的历史传记。有时他还特意阅读本专业法律方面的书籍。此外，梅德韦杰夫也偶尔涉猎一下当代作家的作品，譬如日本作家村上春树的《寻羊冒险记》。

在体育方面，梅德韦杰夫从小便练习游泳与瑜伽，还参加了举重队。音乐上则是喜欢重金属摇滚，是“深紫”乐队的忠实听众，平时还爱好足球、摄影等，兴趣可谓五花八门。

梅德韦杰夫的家庭则十分温馨，1993年他与自己青梅竹马的小学好友斯维特兰娜结婚了，而他们的爱情更是从中学就开始了，儿子伊利亚1995年诞生。这个家并不是单纯的“三口之家”——因为在家中还养着四只狗，以及被戏称为“国家第一猫”、有着亮灰色皮毛的多罗费。在梅德韦杰夫的心中，家庭处在十分重要的位置上，在2009年9月美国匹兹堡举行的G20峰会上，梅德韦杰夫在回答匹兹堡大学学生提问的时候坦言，爱情是最重要的人生价值之一。“爱情，是围绕在你身边最亲近的东西，是最重要的东西。我们每一个人对爱情这个词的理解虽然各有不同，但无疑它是最重要的。”在大学生问他生活中最重要的东西是什么的时候，梅德韦杰夫如是回答。在这样一个公开的场合，给出这样一个真挚的回答，梅德韦杰夫在人们的眼中又被加入了热爱生活忠于爱情的美妙色彩，这不仅丰富了人们对他的印象，更呈现了一个有着生活气息的俄罗斯总统。

第4章 大师与玛格丽特

1. 俄罗斯的文艺复兴
2. 民间创作的珍宝
3. 书籍与面包同等重要
4. 教育的兴盛

4

大师与玛格丽特

1 Расцвет русской литературы

В настоящее время выражение «золотой век русской литературы» применяется к литературе всего XIX в., когда творили ее крупнейшие представители — Пушкин, Гоголь, Тургенев, Достоевский и Толстой. А первые годы XX в. (до революции 1917 г.) обычно, по аналогии с предшествующим периодом, называются «серебряным веком русской литературы».

Начался 19 век с расцвета сентиментализма и становления романтизма. Указанные литературные направления нашли выражение, прежде всего, в поэзии. На первый план выходят стихотворные произведения поэтов Е.А. Баратынского, К.Н. Батюшкова, В.А. Жуковского, А.А. Фета, Д.В. Давыдова, Н.М. Языкова. Творчеством Ф.И. Тютчева «Золотой век» русской поэзии был завершён. Тем не менее, центральной фигурой этого времени

1 俄罗斯的文艺复兴

在如今，“俄罗斯文学黄金时代”指的是整个19世纪的文学，在这段时期进行文学创作的几大代表人物是——普希金、果戈理、屠格涅夫、陀思妥耶夫斯基和托尔斯泰。而20世纪初的前十几年（至1917年革命）和之前这段时期类似，通常被称作“俄罗斯文学白银时代”。19世纪以感伤主义的兴盛和浪漫主义的形成为开端，上述这些文学流派首先体现在诗歌中。首先问世的是巴拉丁斯基、巴丘什科夫、茹科夫斯基、费特、达维多夫、亚济科夫等诗人的诗歌作品，而丘特切夫的作品成为了俄罗斯诗歌黄金时代的收笔。尽管如此，亚历山

был Александр Сергеевич Пушкин. А.С. Пушкин начал своё восхождение на литературный олимп с поэмы «Руслан и Людмила» в 1920 году. А его роман в стихах «Евгений Онегин» был назван энциклопедией русской жизни. Романтические поэмы А.С. Пушкина «Медный всадник», «Бахчисарайский фонтан», «Цыганы» открыли эпоху русского романтизма. Многие поэты и писатели считали А. С. Пушкина своим учителем и продолжали заложенные им традиции создания литературных произведений. Одним из таких поэтов был М.Ю. Лермонтов. Известны его романтическая поэма «Мцыри», стихотворная повесть «Демон», множество романтических стихотворений.

Наряду с поэзией начала развиваться проза. Развитие русской прозы 19 века началось с прозаических произведений А.С. Пушкина и Н.В. Гоголя. Потом Пушкин под влиянием английских исторических романов создает повесть «Капитанская дочка», где действия разворачивается на фоне грандиозных исторических событий: во времена Пугачевского бунта. А.С. Пушкин и Н.В. Гоголь обозначили основные художественные типы, которые будут разрабатываться писателями на

大·谢尔盖耶维奇·普希金才是这个时代的中心人物。普希金以1920年创作的长诗《鲁斯兰和柳德米拉》开始了自己走向文学顶峰的旅途，而他的诗体长篇小说《叶甫盖尼·奥涅金》则被认为是俄罗斯生活的百科全书，他的浪漫主义诗歌《青铜骑士》、《巴赫切萨拉伊的喷泉》、《茨冈》开启了俄罗斯浪漫主义时代。很多诗人和作家将普希金视为自己的老师，继续用受他影响而形成的方式手法进行文学创作，其中之一就是莱蒙托夫，他的浪漫主义诗歌《童僧》、长诗《恶魔》和许多浪漫主义诗歌都十分有名。

紧跟诗歌发展起来的是散文，19世纪俄罗斯散文的发展以普希金和果戈理的散文作品为开端。随后普希金在英国历史小说的影响下创作了中篇小说《上尉的女儿》，故事内容以声势浩大的历史事件普加乔夫起义为背景。普希金和果戈理推出了两种主要的艺术手法，在

всем протяжении 19 века. Это художественный тип «лишнего человека», образцом которого является Евгений Онегин в романе А.С. Пушкина, и так называемый тип «маленького человека», который показан Н.В. Гоголем в его повести «Шинель».

С середины 19 века происходит становление русской реалистической литературы, которая создается на фоне напряженной социально-политической обстановки, сложившейся в России во время правления Николая I. В то время назревает кризис крепостнической системы, сильны противоречия между властью и простым народом. Назрела необходимость создания реалистической литературы, остро реагирующей на общественно-политическую ситуацию в стране. Литературный критик В.Г. Белинский обозначает новое реалистическое направление в литературе. Его позицию развивают Н.А. Добролюбов, Н.Г. Чернышевский. Литераторы обращаются к общественно-политическим проблемам российской действительности. Развивается жанр реалистического романа. Свои произведения создают И.С. Тургенев, Ф.М. Достоевский, Л.Н. Толстой, И.А. Гончаров. Преобладает общественно-политическая,

整个19世纪被作家们反复使用，那就是以普希金笔下叶甫盖尼·奥涅金为代表的“多余人”和果戈理在《外套》中描述的“小人物”。

19世纪中叶，尼古拉一世统治时期形成的社会政治形势十分紧张，在这个大背景下出现了俄罗斯现实主义文学。当时农奴体制危机四伏，掌权者和人民之间的矛盾激化，尖锐反映国家社会政治形势的现实主义文学的产生时机已经成熟。文学评论家别林斯基开创了新的现实主义流派，并在杜勃罗留波夫、车尔尼雪夫斯基身上发扬光大。文学家们的注意力都集中在了俄罗斯现实的社会政治问题上，现实主义小说体裁得到发展，屠格涅夫、陀思妥耶夫斯基、

философская проблематика. Литературу отличает психологизм.

Тогда развитие поэзии несколько затихает. Стоит отметить поэтические произведения Некрасова, который первым внес в поэзию социальную проблематику. Известна его поэма «Кому на Руси жить хорошо?», а также множество стихотворений, где осмысляется тяжелая и беспросветная жизнь народа.

Литературный процесс конца 19 века открыл имена Н. С. Лескова, А.Н. Островского и А.П. Чехова. Последний проявил себя мастером малого литературного жанра – рассказа, а также прекрасным драматургом. Завершение 19 века проходило под знаком становления предреволюционных настроений. Реалистическая традиция начинала угасать. Ей на смену пришла так называемая декадентская литература , отличительными чертами которой были мистицизм, религиозность, а также предчувствие перемен в общественно-политической жизни страны. Впоследствии декадентство переросло в символизм. С этого открывается новая страница в истории русской литературы.

Кончался «золотой век» русской литературы,

托尔斯泰、冈察洛夫等人都著有现实主义文学作品，以社会政治和哲学范畴的内容居多，心理描写是一大特点。

此时，诗歌的发展有些沉寂，值得指出的是涅克拉索夫的诗歌作品，这是首次将社会问题引入诗歌，他的作品《谁能在俄罗斯过上好日子》十分有名，还有很多诗歌也写出了人民暗无天日的沉重生活。

19 世纪文学的最后阶段迎来了列斯科夫、奥斯特洛夫斯基和契诃夫。契诃夫是短篇小说大师，也是出色的剧作家。随着革命前的思潮产生，19 世纪进入了尾声。现实主义潮流开始消退，取而代之的是所谓的颓废主义文学，以总结神秘主义、信仰宗教以及预感国家社会政治生活变革为特点。颓废主义之后出现了象征主义，由此翻开了俄罗斯文学历史上新的一页。

俄罗斯文学的黄金时代结束了，20 世纪随之开始。这个转折时

началось XX столетие. Это переломное время вошло в историю под красивым именем «серебряного века».

Общественно-политическая обстановка этого времени характеризовалась глубоким кризисом существующей власти, бурной, неспокойной атмосферой в стране, требующей решительных перемён. Может быть, поэтому и пересеклись пути искусства и политики. Так же, как общество напряженно искало пути к новому социальному строю, писатели и поэты стремились к освоению новых художественных форм, выдвигали смелые экспериментаторские идеи. Реалистическое изображение действительности перестало удовлетворять художников, и в полемике с классикой XIX века утверждались новые литературные течения: символизм, акмеизм, футуризм.

Одним из первых литературных течений стал символизм, объединивший таких разных поэтов, как К. Бальмонт, В. Брюсов, А. Белый и др. Так же, как отрицание реализма породило символизм, новое литературное течение — акмеизм — возникло в ходе полемики с символизмом. Для акмеизма была характерна

期以“白银时代”这样一个响亮的名字开始了。

这个时期的社会政治形势是当局面临着深层次的危机，国内环境动荡不安，国家需要决定性的转变。所以，艺术与政治的道路可能因此交汇。正如社会需要寻找出一条新的体制道路，作家和诗人也在渴望掌握新的艺术形式，提出大胆创新的实验设想。现实主义的表现手法已经不能满足艺术家的要求了，于是在与19世纪经典的论战中确定了新的文学流派：象征主义、阿克梅派和未来主义。

象征主义是这个时期最开始的文学流派之一，代表诗人有巴尔蒙特、勃留索夫、别雷等。正如对现实主义的否定促生了象征主义一样，新的文学流派——阿克梅派在与象征主义的论战过程中形成了。阿克梅派的特点是完全不过问政治，对当代人们关注的问

крайняя аполитичность, полное равнодушие к злободневным проблемам современности. Наверное, поэтому акмеизму пришлось уступить дорогу новому литературному течению — футуризму, который отличался революционным бунтом, оппозиционной настроенностью против буржуазного общества, его морали, эстетических вкусов, всей системы общественных отношений. Расцветом «серебряного века» считают 1915 год — время его наивысшего подъема и конца.

Золотой и Серебряный века — два «русских ренессанса», две вспышки света среди тысячелетий тьмы и серости в истории русской литературы.

题完全不在意。大概正因如此，阿克梅派不得不让贤于新的流派——以革命起义暴动、反资本主义社会、道德、美学品味和社会关系制度的思潮为特点的未来主义。人们认为“白银时代”的繁荣时期是1915年——发展到了最鼎盛并画上了句号。

黄金和白银时代，是两次“俄罗斯的文艺复兴”，是俄罗斯文学历史上千年的黑暗中迸发的两道闪光。

单词释义

аналогия	类似，相似	напряжённый	紧张的，激烈的
расцвет	繁荣，兴盛	назреть	发展成熟，迫在眉睫
стихотворный	诗的，诗体的	жанр	体裁，风格
олимп	巅峰人物	затихнуть	沉寂下来，平息，停止
энциклопедия	大全，百科全书	беспросветной	黑暗的，暗无天日的，毫无希望的
романтизм	浪漫主义	мистицизм	神秘主义
прозаический	散文体的	отрицание	否认，否定
грандиозный	宏伟的，雄伟的，大规模的	ренессанс	文艺复兴
обозначить	标出，指出		
реалистический	现实主义的		

文化链接

普希金是“俄国文学之父”，俄罗斯人文精神的象征。他在诗歌、小说等各领域给俄罗斯文学提供了典范，被高尔基誉为“一切开端的开端”，更照亮了俄国文学史上的黄金时代。

亚历山大·谢尔盖耶维奇·普希金于1799年6月6日出生在沙俄莫斯科一个家道中落的贵族家庭。1811年，普希金进入皇村贵族子弟学校学习，年仅12岁就开始了文学创作。1815年，在中学考试中他朗诵了自己创作的“皇村怀古”，表现出了卓越的诗歌写作才能，特别是他诗作韵文的优美和精巧得到了广泛的赞赏。

普希金毕业后到彼得堡外交部供职，在此期间，他深深地被以后的十二月党人及其民主自由思想所感染，参与了与十二月党人秘密组织有联系的文学团体“绿灯社”，创作了许多反对农奴制、讴歌自由的诗歌，如《自由颂》、《致恰达耶夫》、《乡村》。1820年，普希金创作童话叙事长诗《鲁斯兰与柳德米拉》。普希金的这些作品引起了沙皇政府的不安，同年他被外派到俄国南部任职，这其实是一次变相的流放。在此期间，他与十二月党人的交往更加频繁，参加了一些十二月党的秘密会议。1824~1825年，普希金又被沙皇当局送回了他父母的领地米哈伊洛夫斯克村，1825年他完成了俄罗斯文学史上第一部现实主义悲剧《鲍里斯·戈都诺夫》的创作。1826年，沙皇尼古拉一世登基，为了笼络人心，把普希金召回莫斯科。

1830年秋，普希金在他父亲的领地度过了三个月，这是他一生创作的丰收时期，在文学史上被称为“波尔金诺的秋天”。他完成了自1823年开始动笔的诗体小说《叶甫盖尼·奥涅金》，塑造了俄罗斯文学中第一个“多余人”的形象，这成为他最重要的作品。此外还写了《别尔金小说集》和四部诗体小说，以及近30首抒情诗。《别尔金小说集》中的《驿站长》一篇是俄罗斯短篇小说的典范，开启了塑造“小人物”的传统。

1831年普希金继续创作了许多作品，主要有叙事长诗《青铜骑士》、童话诗《渔夫和金鱼的故事》、短篇小说《黑桃皇后》等。他还写了两部有关农民问题的小说《杜布洛夫斯基》和《上尉的女儿》。

俄罗斯诗歌的太阳

普希金的创作和活动令沙皇政府颇感头痛，他们用阴谋手段挑拨法国籍宪兵队长丹特斯亵渎普希金的妻子冈察洛娃，结果导致了1837年普希金和丹特斯的决斗。决斗中普希金身负重伤，1837年1月29日不治身亡，逝世于圣彼得堡，年仅37岁。

普希金是19世纪俄国浪漫主义文学的主要代表，同时也是现实主义文学的奠基人，现代标准俄语的创始人，被誉为“俄罗斯诗歌的太阳”，受到俄罗斯人的推崇。在俄罗斯有许多城市保留着普希金故居博物馆，人们都怀着崇敬的心情、穿正装进入参观。2011年6月6日，俄罗斯总统梅德韦杰夫视察了国立普希金俄语学院，会见了该校的老师和学生，一起讨论了俄语的现状。当天，梅德韦杰夫签署了《关于俄语日》的总统令。按照该总统令的规定：每年的6月6日，也就是俄罗斯著名诗人普希金的生日，被定为俄语日。

普希金作品崇高的思想性和完美的艺术性使他具有世界性的重大影响，他的作品被译成全世界所有的主要文字，感动着一代又一代的读者。

2 Народное творчество

Народное творчество, чаще всего именно устное, зародившееся в глубокой древности, — историческая основа всей мировой художественной культуры, в том числе и русская культура. В россии устное народное творчество возникло ранее, чем письменность. Оно состоит из пословиц, сказок, преданий, былин и т.д. , в которых отражена жизнь и желания русского народа.

Среди этих произведений пословица является одним из самых популярных жанров. Русские пословицы — меткие выражения мудрых мыслей, созданные русским народом. Многие русские пословицы состоят из двух соразмерных, рифмующихся частей. Пословицы, как правило, имеют прямой и переносный смысл. Часто существует несколько вариантов пословиц с одной и той же моралью. Пословицы отличаются от поговорок более высоким обобщающим смыслом. Наиболее древние из дошедших до нас произведений русской письменности, содержащие пословицы, датируются X веком.

И среди различных жанров устного сказа, конечно, заслуживают особое внимание русские

2 民间创作的珍宝

民间创作，通常指口头的民间创作，起源于十分久远的古代，是所有世界艺术文化的历史根基，俄罗斯文化也同样离不开它。在俄罗斯，民间口头创作的起源要早于文字的产生时间，它由谚语、童话、传说、民间歌颂英雄的壮士歌等组成，反映了俄罗斯人民的生活和期望。

在这些作品中，谚语是最流行的体裁之一。俄罗斯谚语是俄罗斯人对智慧思想的精辟表达，大多由相互对应、共同押韵的两个部分组成。谚语通常有直接意义和转折寓义两层意思，通常对谚语意思的理解总有几种选择，对应这样或那样的寓意。而谚语与俗语的不同之处在于，在谚语中包含的思想更加高度概括。现今发现的最古老的记载着谚语的俄罗斯文字书籍，早在10世纪就有了。

而在各类不同题材的民间口头创作中，俄罗斯民间童话当然

народные сказки. Ни для кого не секрет, что русские народные сказки появились давно и передавались из уст в уста. Это позволило сказкам завоевать популярность у большего количества людей, и поэтому сегодня каждый из русских может наслаждаться богатством сказочного мира. Мир русской народной сказки своеобразен и загадочен. В нём можно повстречать и простых людей, купцов да купчих, царей да их дочерей, и вымышленных героев, среди которых Баба Яга - пожалуй, один из самых колоритных персонажей. Встречаются в русских народных сказках и звери разные, иногда даже волшебные.

Предания сохраняют память о событиях и деятелях национальной истории. Этот вид произведений устного народного творчества имеет большое познавательное значение, так как в преданиях рассказывается об очень далёком прошлом, о времени, от которого, как правило, не сохранилось других свидетельств. То, о чем говорится в преданиях, обычно воспринимается и рассказчиком и слушателями как действительно происходившее. Ряд особенностей придают преданиям реалистический характер:

是值得特别关注的。人人都清楚，俄罗斯民间童话古来有之，口口相传，这使得童话深得大众喜爱，也因为如此，如今每一个俄罗斯人都能分享童话世界的宝贵财富。俄罗斯民间童话的世界与众不同、神秘莫测，在这些故事中总会遇到平民百姓，商人和他的妻子，君王和他的女儿，以及杜撰出来的英雄等各式各样的人物。其中“巴巴依嘎”妖婆大概能算是最生动有特色的人物之一了，此外，在童话中还有各种不同的野兽，有时甚至还会魔法。

在传说之中保留了对民族历史事件和人物的记载，这种形式的民间口头创作在增加人们认知上具有更大的意义，因为在传说中讲述了十分久远的时代，通常没有其他史料可以用来更好地描述这些时代。传说的故事内容，通常可以将讲述和聆听的人们吸引住，令人仿佛身临其境。传说的历史题材中有时带有地区性的特色，标出事件发生的准确时间

исторический материал, имеющий порой местную окраску, точное указание времени и места событий. Предания не только повествуют о событиях и действиях исторических лиц, но и объясняют их причины. Это увеличивает познавательную ценность рассказов. Предания близки к историческим песням, но имеют прозаическую форму, а не стихотворную. От сказок предания отличаются тем, что в них повествуется о реально существующих фактах, хотя порой трактуемых с некоторой долей вымысла, отличаются и «свободной формой»; предания не имеют устойчивых зачинов и концовок, определённых ходов развития сюжета. От бытового устного рассказа предание отличается тем, что говорит о далёком прошлом, а не о близком, а также тем, что повествователь никогда не выступает участником или свидетелем событий.

Былины, сложенные народом в Древней Руси и отразившие историческую действительность главным образом 11—16 вв., составляют одно из самых замечательных явлений русской народной словесности, они не уступают немецкому богатырскому эпосу и эпическим

和地点，这些特点使传说十分切合实际，贴近现实。传说不仅讲述了这些历史人物经历的事件和活动，还解释了它们的起因，这更加提升了故事的认知价值。传说作品内容接近历史民歌，但使用的记叙形式是散文体而非诗体。传说与童话的区别在于，传说讲述的都是真实存在的事实，尽管有时候内容也加入了一点点的想象成分；区别还在于传说并不拘泥于格式，没有固定的开端和结尾来明确情节发展进程。与日常口头讲述的故事区别在于内容为相对古老的事情，而不是最近的事情，讲述者不会是故事发生时的参与者或目击者。

壮士歌由古罗斯人民创作，主要反映了11~16世纪的历史事件，是俄罗斯民族文学作品中最出色的一种形式，它不逊色于德国的英雄史诗和其他任何民族的民族史诗作品。壮士歌的核心是有着高尚

народным произведениям всех других народов. В центре былин — образы богатырей, наделённых высокими моральными качествами, самоотверженно преданных Родине. В образе любимого богатыря Ильи Муромца народ создал биографию крестьянского сына с его спокойной уверенностью в себе и чуждой аффектации силой. Он стоит во главе богатырской заставы, преграждающей путь врагам. Столь же поэтичны образы и др. богатырей, охраняющих родную землю, — Добрыни Никитича и Алёши Поповича. Тема защиты Родины закономерно слита в былинах с темой народной жизни и труда. Так, первый подвиг, который совершил Илья Муромец после исцеления, это корчёвка пней и расчистка поля для пашни. Одновременно возникали былины, запечатлевшие общественный и семейный быт народа. Наиболее значительны из них — "Садко", "Василий Буслаев", сохранившие зарисовки быта средневекового города. Искусство народных певцов-сказителей, передававших былин из уст в уста, из поколения в поколение, умножало разнообразие и богатство былинных персонажей. С конца 18 в. былины привлекали внимание писателей

道德品质、奋不顾身忠于祖国的勇士形象，人们在最受喜爱的勇士伊利亚·穆罗梅茨的形象中加入了一个坚定自信、力大无穷的农民儿子的经历，他在众多御敌入侵的勇士中位居首位，此外还有其他护土卫国的勇士形象，如多勃雷尼亚·尼基季奇和阿廖沙·波波维奇，也十分崇高感人。在壮士歌中，保卫国家与人民的生活劳动是结合在一起的，由此，在穆罗梅茨的手脚无力被治愈之后，他做的第一件事就是为了农民的耕地而连根拔起树根，平整土地。与此同时还出现了另一种壮士歌，主要记录人民的公共生活和家庭生活，其中最有名的是《萨德科》和《瓦西里·布斯拉耶夫》，其中中世纪城市的生活写照得以保留。口口相告、代代相传的民间说书艺术使得壮士歌人物形象更加多样化，更加丰富多彩。自18世纪末起壮士歌吸引了作家和学者的注意，被视为民间创作中艺术价值很高的

и учёных, как высокохудожественные памятники народного творчества. Величие образов, отражение особенностей духовного склада народа, его нравственных идеалов, патриотическое содержание былин высоко ценили русские писатели, композиторы, художники 19 — начала 20 вв.

Современная русская литература, развиваясь по своим собственным законам, не пренебрегает, однако, классическими произведениями. Классическая русская литература берёт своё начало в древнерусских текстах, которые, в свою очередь, сформировались на основе устного народного творчества. Как сказал известный писатель Максим Горький, “Подлинную историю трубового народа нельзя знать, не зная устного наробного творчества.” Нам лучше знать русское устное народное творчество, потому что оно сохраняет ценную мудрость русского народа, которая полезна и для русских, и для нас.

文献，壮士歌中伟大的人物形象、民族精神气质特点的体现、道德理想以及爱国主义内容都得到了俄罗斯 19 世纪 ~20 世纪初作家、作曲家、画家的高度评价。

现代俄罗斯文学发展自成一派，但仍不能抛开经典作品的基础，这些经典的俄罗斯文学起源于古罗斯的文本中，而这些文本都是在民间口头创作的基础上形成的。正如著名作家马克西姆·高尔基所说，“不了解民间口头创作，就无法了解劳动人民真正的历史。”我们最好能了解一下这些民间口头创作，因为它保留了俄罗斯人民的珍贵智慧，对俄罗斯人有益，也对我们有所帮助。

单词释义

меткий	精辟的，精确的
мораль	寓意，教益
наслаждаться	享受
рассказчик	讲故事的人，讲述者
прозаический	散文的，散文体的
словесность	文学作品
слитый	结合的，链接的
исцеление	治愈
патриотический	爱国的，爱国主义的

文化链接

壮士歌中最有名的便是以穆罗梅茨为首的三位勇士的故事。按照壮士歌的叙述，伊利亚·穆罗梅茨30岁之前不会使用四肢，后来得到几位老者神奇的救治。他们来到伊利亚家门口，当时家中除伊利亚外再无旁人，几个人请求伊利亚起来给他们端些水喝。伊利亚回答："可我既没手又没腿，坐了30年哪儿都去不了啊。"几个人再次请求伊利亚站起并端水过来。此后，伊利亚真的站了起来到了卖水人那里并取来水。老者们让伊利亚也喝那水，伊利亚第二次饮过水以后，感觉自己体内有过人的力量，老者又给他喝第三次，以使其力量变小些。此后，老者们告诉伊利亚，他应到弗拉基米尔大公那里去为其效力。伊利亚遵从了老者的叮嘱，前往基辅。伊利亚力大无穷，英勇无畏，但十分谦逊，从不图谋私利。他前往解救被围困的基辅城时顺路也解救了契尔尼哥夫城，这个城的居民请他留下做首领，被他拒绝。途中他遇到一个凶恶的强盗，这强盗叫起来声音像夜莺，喊起来声音像野兽，只要他一叫喊，花儿都凋谢，树木都向地弯曲，人们都一命呜呼。但伊利亚却把他击败了，并把他捆绑起来送到基辅大公面前。此后，他四处征战，期间发生了很多英勇而神奇的故事，并建立了卓越的功勋。协助他的有寡妇的儿子多勃雷尼亚·尼基吉奇和神甫的儿子阿廖沙·波波维奇，这三位勇士多次辅佐基辅大公弗拉基米尔击退入侵的敌人。

三勇士：永恒的经典

瓦斯涅佐夫是在俄国绘画史上占有特殊地位的一位巡回展览派画家。他选择的创作题材与一般画家不同，喜欢描绘俄国民间传说和史诗中的英雄人物。构图新颖、色彩绮丽，形象富有幻想性。瓦斯涅佐夫从青年时代就开始创作富有传奇色彩的描绘俄罗斯古代勇士的系列作品。《三勇士》就是他的代表作。这幅作品描绘了上文中提到的三个英雄。他们骑着不同颜色的战马，各具雄姿，气度非凡，充分体现出俄罗斯民族不可战胜的英雄本质。为了使画中形象具有真实感，画家在刻画古代传说中的三勇士时，运用了现实生活中的形象，背景取自莫斯科近郊的景色，画中的三匹马都是以阿勃拉姆采沃庄园里的骠马写生创造的。构图上三勇士居中，有顶天立地之感。背后是起伏的山峦，人的头部映在天空，使三勇士更显得庄严和雄伟。人物的组合疏密有致，横呈的长矛又使左右人物整个画面极其紧密和完整。

这一作品之所以具有永久的艺术魅力，就在于它表现了英雄民族和人民的独立精神。在这幅画中，民间创作中的英雄形象化为永恒，当人们再次聆听三勇士的故事时，脑中浮现的身影必定来自瓦斯涅佐夫的作品。这就是艺术的融合，也是民族精神的传承。

3 Книга важна как хлеб

Книга – это важнейшее средство различной информации, играющее колоссальную роль в качестве орудия распространения и пропаганды знаний, образования и воспитания, в то же время наиболее важная форма хранения словесной и графической информации, предназначенной для многократного использования и передачи в пространстве и времени.

Этимологический смысл слова «книга» давно утрачен. Предположительно оно означает свиток бумаги. У древних славян слово «книга» означало умение писать, грамотность, знания вообще. Родоначальником русского и украинского книгопечатания является Иван Федоров. В 1564 г. И. Федоров вместе со своим другом П. Мстиславцем выпустил первую, точно датированную московскую печатную книгу «Апостол», положив начало непрерывной типографской традиции на Руси.

В 1574 г. И. Федоров основал первую на украинской земле типографию. В этом же году он выпустил в свет во Львове «Апостол», а также первую «Азбуку» – учебник, сыгравший огромную роль в становлении отечественного

3 书籍与面包同等重要

书是各种不同信息最重要的来源，作为对知识、教育和修养进行传播与宣传的工具，发挥着巨大的作用；同时也是最重要的文字和图表信息储存形式，可将信息在空间和时间之中多次使用和传播。

“书”这个单词的词源意义早已流失，大概指的是纸质的稿卷。古斯拉夫人用“书”这个词泛指书写、常识和知识。俄罗斯和乌克兰书籍印刷的鼻祖是伊凡·费多罗夫。1564 年他和自己的朋友姆斯季斯拉维茨出版了第一本精确标注日期的莫斯科印刷书籍《使徒福音》，由此开创了莫斯科罗斯时代经久不衰的印刷业。

1574 年费多罗夫在乌克兰境内创立了第一家印刷厂，同年在利沃夫出版了《使徒福音》，以及对国家教育事业有着很大影响的《识字读本》，1574 年也被视

просвещения. 1574 г. считается годом начала книгопечатания в Украине. С изобретением печатного станка книга становится одним из важнейших источников информации.

Введенённое в Московском государстве в середине XVI в. книгопечатание стало развиваться в России быстрыми темпами. Все преимущества этого нового способа тиражирования книг были выявлены буквально в течение полувека. На протяжении XVII столетия в Москве было напечатано более 750 книг, большинство из них - на Московском печатном дворе, в главной русской типографии того времени. Кроме того, небольшие печатные мастерские существовали при крупных монастырях, функционировали типографии на Украине и в Белоруссии.

Русская нация —— одна из самых читающих наций в мире. Есть русское выражение: «Люди перестают мыслить, когда прекращают читать». Без чтения человек не расширяет свой запас знаний и не нагружает мозг так, как нужно было бы. Всё благодаря тому, что книга обучает «культуре ума», принуждает глубже мыслить, тренирует внимание, наполняет память и дисциплинирует ум.

В 1960-е годы в СССР произошла

为乌克兰图书出版的创始年。随着书籍印刷机的发明，书籍成了最重要的信息来源之一。

16世纪中叶引入莫斯科罗斯时代的印刷术开始在俄罗斯飞速发展起来，这种书籍的新形式仅用了半个世纪就优势尽现。17世纪莫斯科印刷了750多本书，其中大部分都是在莫斯科印刷厂和当时主要的俄罗斯印刷厂印的，除此之外，在大的修道院中还有一些不大的印刷作坊，以及乌克兰和白俄罗斯的印刷厂。

俄罗斯民族是最爱读书的民族之一，俄罗斯有这样一种说法："当人们不再读书，他们将停止思考。"不阅读书籍，人就不能拓展自己的知识量，也无法具备应该有的脑力。一切都得益于书籍能够教人智慧修养，使人深入思考，训练人的注意力，锻炼记忆力并使头脑更有条理。

20世纪60年代，苏联进行了一场"知识革命"——人们变

«интеллектуальная революция» - читать стали много, жадно и с пониманием, а казённые школьные стенды всё чаще украшались лозунгом: «Чтение - лучшее учение!» В 1960-е начитанность сделалась настоящей «визитной карточкой» человека, желающего произвести впечатление, а искромётное остроумие было присуще каждому интеллектуалу. Понятие «умный» на некоторое время оказалось тождественно понятию «читающий». Более того, не читать было попросту стыдно. В советском киноискусстве даже пропагандировался образ простого работяги, по вечерам штудирующего умные книги.

В то время практически в каждой квартире был книжный шкаф с обязательными подписными томами Пушкина, Толстого, Достоевского и прочих классиков. У более «продвинутых» можно было найти на полках томики Чейза, Брэдбери, Саймака. Книжный дефицит порождал отношение к книге, как к товару престижного потребления. Иметь подписные или так называемые «макулатурные» издания было в прямом смысле этого слова -

得多读书、渴求读书并理解读书了，而全国中小学的橱窗中更加经常性地写着口号："阅读——更好的学习！"在60年代人们要想使他人对自己留下印象，博学多才是真正的"名片"，而横溢的机智才华则是每一位知识分子特有的，"聪明人"在一些时候就等同于"读书人"。而且，不读书简直就是令人羞耻的，连苏联时期的电影都在宣扬每晚研读深奥书籍的普通工人形象。

在当时，的的确确在每家每户都有这样一个书架，上面放满了必须要订阅的普希金、托尔斯泰、陀思妥耶夫斯基的著作和其他经典名著，在更加"先进"的人家里书架上则能找到蔡斯、布莱伯利、西马克的作品。书的脱销使人们对待书就像对待一种关乎声誉的消费品一样，拥有订阅的刊物抑或所谓的"低劣作品"在当时都是时髦的。

модно. В метро, электричках и поездах можно было увидеть большое количество людей с книгой в руках. Студенты упорно «грызли гранит науки», ребята школьного возраста «проглатывали» приключенческие романы или добротно сделанные детективы. Кто-то читал стихи и ходил в Дома культуры, актовые залы вузов или больших предприятий на концерты бардов и выступления поэтов. Региональные издательства существовали в каждом областном городе, печатали огромное количество книг.

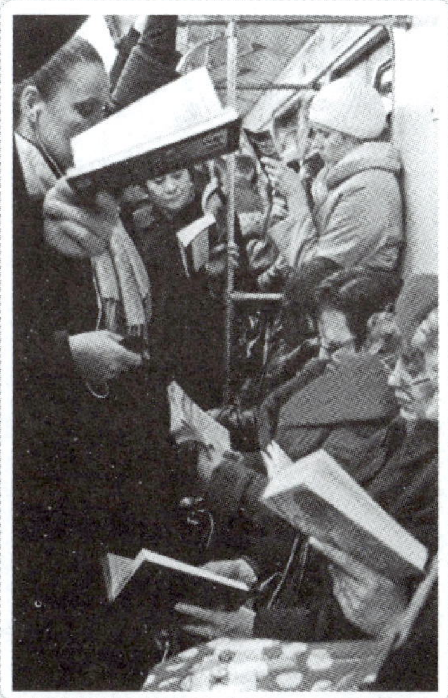

В сегодняшние дни Россия остаётся читающей страной. Большинство россиян, в том числе в больших городах, например в Москве, по-прежнему любит читать художественную литературу. В этом легко убедиться, проехав в общественном транспорте — каждый второй держит в руках книгу. Причём бумажную всё реже, чаще читают с экранов мобильников и ноутбуков. Московскую Международную книжную ярмарку ежегодно посещают сотни тысяч людей. По результатам

在地铁、电气列车和火车上能见到大部分人手里都拿着书，大学生们努力钻研学问，学龄儿童贪婪地读着惊险小说或者精致的侦探小说，有人朗诵诗歌，去文化书屋涉猎，去大学礼堂聆听或观摩演奏家的音乐会和诗人表演等大型活动。每一个城市都有自己的地方出版社，印刷大量的书籍。

当今俄罗斯仍然是热爱阅读的国家，大部分俄罗斯人，包括像莫斯科这样大城市的人们，都像以前一样爱好读书。这一点很容易证实——乘坐公共交通时可以看到，一半的人手里都拿着书，而且纸质的越来越少见，用手机和笔记本电脑阅读的人多了起来。莫斯科国际书市每年都会迎来成千上万的来客。2009年底，

всероссийского опроса, проведенного холдингом "РОМИР" в конце 2009 года, оказалось, что книги — самый популярный для россиян товар в интернет-магазинах. Более половины опрошённых заявили, что они регулярно приобретают через Интернет печатную продукцию и канцтовары. Для русских их пока ещё остаются доступными библиотеки. В библиотеку по-прежнему, как в советские времена, можно прийти в выходные, посидеть в спокойной обстановке, не спеша полистать толстые и не очень журналы, посмотреть разложенные на стендах новинки книжной литературы, взять на дом интересную книгу.

俄罗斯 РОМИР 公司进行的全俄调查结果显示，书是俄罗斯人在网购时最常购买的商品，超过一半的被调查者称他们定期通过因特网购买印刷制品和办公用品。俄罗斯的图书馆仍然对人们开放，就像苏联时期一样，人们可以在周末到图书馆去，在安静的环境中坐一坐，翻一翻厚的和不太厚的杂志，读一读橱窗中新的文学作品，然后将感兴趣的书借回家里品读。

单词释义

колоссальный	极大的，巨大的
этимологический	词源的
родоначальник	始祖，创始人
типография	印刷厂
изобретение	发明
мыслить	思考，思量
дисциплинировать	使遵守纪律，使严谨，使有条理
стенд	（陈列展品、图表、报纸等的）台架，橱窗
присущий	固有的，素有的，天生的
пропагандироваться	（被）宣传
полка	架子，书架
престижный	事关威信的，关乎声誉的
актовый зал	大礼堂
ноутбук	笔记本电脑
доступный	可以通行的，大众可以享用的，对大众开放的

文化链接

图书馆总是和阅读密切相关，大量的藏书往往能吸引来很多爱读书的人。作为一个全民爱好读书的国家，俄罗斯的图书馆自然不简单。坐落于莫斯科的俄罗斯国家图书馆（前莫斯科国立列宁图书馆）是世界5大图书馆之一，设有18个阅览室，2,334个座位，每天平均接待读者6,500人次。

图书馆：俄罗斯的文化殿堂

俄罗斯城乡密布着图书馆网，俄罗斯图书馆的历史十分悠久，10~11世纪古罗斯出现了图书馆，文献上最早关于图书馆的记载出现于1037年，当时雅罗斯拉夫大公召集人翻译希腊书籍，抄写斯拉夫文书籍，并将其保存在基辅的索菲娅教堂。12世纪，弗拉基米尔、诺夫哥罗德、罗斯托夫、梁赞、斯摩棱斯克、苏兹达尔等许多城市都开设图书馆。各修道院图书馆的藏书从几十本到几千本不等，除神学书籍外，保存并转抄了年鉴、编年史、医书、药书、文学作品等。16世纪末，修道院集中了国内总藏书的37%，数量约有26~35万册（其中6%~8%为印刷品）。17世纪中叶，出现了第一批世俗图书馆，私人藏书的数量也有所增加。

彼得大帝时期，俄罗斯出现了新的专业图书馆（数学、航海、炮兵、手工业、矿业等）。1714年圣彼得堡建立了综合性图书馆，于1725年改建成科学院图书馆。1795年5月，叶卡捷琳娜二世批准了兴建皇家公共图书馆馆舍的建议，这是俄罗斯历史上第一座图书馆专门建筑，位于首都彼得堡的市中心。彼得堡皇家公共图书馆是俄罗斯历史上第一座国立图书馆。1810年，亚历山大一世(1777~1825年)批准通过了俄罗斯第一部图书馆法令《皇家公共图书馆管理条例》，条例明确规定了皇家图书馆的管理方式、内容以及组织工作原则等。1814年图书馆正式对外开放。开放后的公共图书馆事实上成为俄罗斯的第二大学。在最初几年里，图书馆每年接待读者约500~600人次，各个阶层和不同社会地位的人都可以办理阅览证：学者、官员、军人、神职人员、商人、小市民等等。到19世纪末期，图书馆接待的读者人数有了较大增长，其中以大学生为主。到了1894年，地方、市自治机构建立的民间免费图书馆与阅览室已超过三千个，教区图书馆已有两万多个。1914年在俄罗斯共有75,900座各种类型的图书馆（辅助性图书馆除外），总藏书量为4,600万册。第二次世界大战之后，俄罗斯图书馆在读者人数、到馆量、图书借阅量等方面均取得较大发展，到1980年苏联共有62,100座图书馆，总藏书量为9.84亿册。

1995年俄罗斯联邦第一任总统叶利钦将每年的5月27日定为俄罗斯图书馆日，而这个日期也正是200年前叶卡捷琳娜二世批准建立皇家公共图书馆的日子。在图书馆日人们往往在图书馆举办各种活动，如儿童文学知识竞赛等，旨在提高大家的阅读兴趣，巩固书籍在现代生活中的地位，甚至在这一天，如果借书人逾期还书，可以免除他们的罚款。图书馆文化已经成为俄罗斯人生活中的一部分，在这些书籍的殿堂中培养出了一代代喜好读书的俄罗斯人。

4 Расцвет образования

Образование – это процесс развития личности, который осуществляется как сторонними педагогами, так и личностью самостоятельно. Образование всегда было и остаётся неотъемлемой и важной сферой человеческой деятельности. И образование оказывает активное воздействие на функционирование и развитие общества.

История образования в России длительная. Период развития отечественного образования при князьях Владимире и Ярославе Мудром нередко признается начальным во всей истории этого образования. Уже в первой половине XI века известны дворцовая школа князя Владимира в Киеве и школа, основанная Ярославом Мудрым в Новгороде в 1030 году. Потом укрепление Московского государства повлекло за собой и некоторый подъём образования. С одной стороны, стали возникать многочисленные приходские и частные школы, где обучались грамоте и счёту дети не только духовенства, но и ремесленников и купцов; с другой – была создана и закреплена решениями Стоглавого собора (1551 г.) система православного образования.

Систематическое профессиональное образование начинает складываться в России в середине XVII века с появлением

4 教育的兴盛

教育是人心智成熟的过程，既靠老师教授，也靠个人领悟。教育是人类活动中不可缺少的重要领域，并且对社会的运行和发展施以积极的影响。

俄罗斯教育的历史很长，在大公弗拉基米尔和智者雅罗斯拉夫统治下的国家教育发展时期被认为是所有教育历史的开端。早在10世纪上半叶，大公弗拉基米尔在基辅的贵族学校和智者雅罗斯拉夫于1030年在诺夫哥罗德建立的学校就十分有名。接下来随着莫斯科罗斯时代强盛起来，教育也得到了一定发展。一方面，出现了大量的教区学校和私人学校，向牧师、手工业者和商人的孩子教授识字和算术，另一方面，根据1551年俄国教会通过的宗教法规《百条决议》，东正教的教育系统得以建立和巩固。

系统的职业教育随着17世纪中叶外交

посольских, лекарских, типографских школ. Появление профессионального образования в современном его понимании – это заслуга Петра I. После заграничных поездок и неудачных военных действий в Северной войне Петр I предпринял шаги по подготовке необходимых государству специалистов путём создания профессиональных школ различного типа. Образование и воспитание в петровской школе было направлено на приобретение профессиональных навыков. В период с 1863 года по 1917 год в России управление образованием несколько раз претерпевало изменения. Сословное, элитарное образование постепенно превращалось во всесословное эгалитарное, соответствующее потребностям общества. После революции в России среднее профессиональное образование стало частью системы народного образования. С 1919 года управление учебными заведениями было централизовано и сосредоточено в Главпрофобре при Наркомпросе РСФСР. Перепись населения СССР, проведённая в 1959 году, продемонстрировала, что неграмотность среди населения страны была практически

学校、医师学校、印刷学校的出现而在俄罗斯开始形成。职业教育的出现在当代人看来是彼得一世的功劳，在出国学习和北方战争的军事行动失败之后，彼得一世着手通过建立不同种类的职业学校来为国家储备必要的专业人才，彼得时期的学校教育旨在使学生学会专业技能。从1863年至1917年，俄罗斯的教育管理历经几次变化，特权教育、精英教育转变成根据社会需要进行的所有阶层普遍教育。俄国革命之后，中等职业教育成为国民教育系统的一部分，从1919年起教育部门由苏俄教委职业教育总局

полностью искоренена. К 1981 году система среднего специального образования осуществляла подготовку кадров для всех отраслей народного хозяйства страны более чем по 500 специальностям.

Система образования в России переживает сейчас радикальные изменения, затрагивающие все ее элементы и звенья. Введение единого государственного экзамена (ЕГЭ), внедрение системы бакалавриата и магистратуры в высшем образовании, хотя и вызывают много споров, но идут в русле тенденции сближения с мировой практикой системы образования.

Общее образование в России включает в себя начальное (1-4 класс), основное (5-9 класс) и среднее (10-11 класс). Дети начинают учиться в 6-7 летнем возрасте. До сих пор сохраняется сеть вечерних общеобразовательных заведений, предназначенных для работающей молодёжи. Число же общеобразовательных школ остаётся стабильным, приближаясь к 70 тысячам. В них обучается 20 миллионов детей.

Учебные заведения начального профессионального образования выпускают квалифици-

统一集中管理。1959 年苏联人口普查结果显示，已经全部消除文盲现象。到 1981 年，中等专业教育已经涵盖了 500 多种专业，能对国民经济的所有部门提供人才支持。

俄罗斯的教育制度现今正经历着涉及所有教育要素和环节的巨大变化。高考的实行以及学士硕士制度在高等教育中的推行，尽管引起了许多的争议，但迎合了趋势，使俄罗斯的教育制度逐步和世界上普遍使用的教育制度接轨。俄罗斯的公共普通教育包括初等教育（1~4 年级），不完全中等教育（5~9 年级）和完全中等教育（10~11 年级），孩子们从六七岁开始上学。到现在还保留着 7 所夜校，为工作的青年提供学习的机会，正常中小学校的数量仍然很稳定，接近 7 万所，有 2 千万孩子在校读书。

初等职业教育学校负责培养

рованных рабочих и служащих. Длительность обучения в России на этой ступени зависит от уровня образования принятого учащегося. Учащиеся, поступающие после 9-го класса школы, учатся 2-3 года, после 11-го класса – 1-2 года. Среднее профессиональное образование в России направлено на подготовку специалистов-практиков. Реализуется оно по двум основным образовательным программам - базового уровня (квалификация "техник") и повышенного уровня (квалификация "старший техник"). Высшее образование в России имеет довольно длительную историю. Во многих российских университетах сложилась своя научная школа, которая воспитала не одно поколение выдающихся учёных. В России установлены следующие типы вузов: университеты, академии и институты. По окончании ВУЗа выпускнику присваивается степень бакалавра (4 года), специалиста (5 лет) или магистра (6 лет).

Охват общим образованием в Российской Федерации является одним из самых высоких в мире и составляет 81% от численности населения в возрасте от 7 до 17 лет включительно. Уровень грамотности взрослого населения составляет сейчас 99,5%, среднее

技术熟练的工人，他们在校学习的时间取决于他们的教育水平，入校9年级的学生还要学2~3年，来读职业教育学校11年级的学生则需要再读1~2年。俄罗斯的中等职业教育则培养储备的技术专家，主要有初级（技师职称）和高级（高级技师职称）两种教育模式。高等教育则在俄罗斯有十分长的历史，在很多俄罗斯大学中都有自己的科研项目组，培养了一代又一代的杰出学者。俄罗斯的高等学府有大学、科学院、学院这几种形式，学成毕业的学生被授予学士（4年）、专业人士（5年）和硕士（6年）学位。

俄罗斯是世界上教育普及率最高的国家之一，在7至17岁国民中达到了81%。俄罗斯成年人的受教育率达到99.5%，平均学习年数接近11年，每10, 000人中有327位大学生，在这些数据上俄

число лет обучения - почти 11 лет, численность студентов высших учебных заведений на 10000 человек населения - 327. По этим показателям Россия превосходит многие экономически развитые государства. Уровень образования населения России – это основа для развития государства, а также надежда русского народа.

罗斯超过了很多经济发达国家。俄罗斯国民的教育水平是国家发展之本，更是俄罗斯民族的希望。

单词释义

сфера	领域	навык	技能
функционирование	运行，运作	претерпеть	忍受住，遭受
признаться	被认可，被认为	элитарный	精英的，上流社会的
повлечь	招致，引起	продемонстрировать	放映，显示
обучиться	学，学会	учащийся	学生
ремесленник	手工业者，工匠	техник	技师
сложиться	形成，确立	бакалавр	学士
заслуга	功劳，功勋	превзойти	比……占优势，胜过，超越
путём	通过……方式		

文化链接

在中国，最令学生、老师、家长揪心，全社会予以关注最多的国家级考试莫过于高考了。高考的结果直接决定之后的大学、所学专业甚至就业的情况，因此有“一考定终身”的说法。在俄罗斯，自苏联时代开始，大学就一直实行自主考试招生，国家只规定大纲。每年，11 年制义务教育结束的孩子们，除了参加本校的毕业考试之后，还要去参加自己中意的各个大学组织的招生考试。这种自主招生考试，非常个性化，经常有招生老师与考试学生 1 对 1 的面试等等。这种自主招生，保证了各个大学能够招到符合自己定位的学生。而自 2008 年开始，俄罗斯正式开始在全国统一实行高考，国家统一考试（ЕГЭ）一下子成为俄罗斯民众关注的焦点。

俄罗斯国家教育部之所以取消自主招生考试改用高考为大学招生，给出的理由大致为实现学生减负、避免教育腐败、创造公平机会、为入世与国际教育接轨等。通过推行高考，俄罗斯中学毕业生的毕业考试与大学入学考试合二为一，减轻了一部分负担；由于中学毕业考试由任课教师命题评分，高考由各高校自主命题，缺乏有效监督，增加了考试的随意性和主观性，此举强力打压了高考腐败；同时为更多偏远地区的人提供了上大学学习的机会，也保证了考试的公平性；此外，作为进入 WTO 成员国的必备条件，俄罗斯由此在国民教育系统标准上与现有成员国保持了一致。

俄罗斯的高考

俄罗斯的高考试卷分为 ABC 三部分，A 区是四选一的单项选择，B 区是简答题，回答少量词句和数字即可，这两部分题目由电脑完成判卷；C 区是由一道或多道题目组成，要求详细回答，比如必须要回答问题，按照所给话题写出作文等，这部分题目由各地区的考试委员会的专家阅卷。高考科目包括俄语、数学、外语（英、德、法、西）、物理、化学、生物、地理、文学、历史、社会科学知识、信息技术等。

可是，俄罗斯大部分民众似乎对政府推行的全国统一高考并不买账。俄罗斯政府没有想到的是，这一改革起步极其艰难，遭到的批评声远远多于赞扬声，甚至一些著名高校的校长们、国家杜马的议员们，也高唱反调。比如著名的莫斯科大学校长萨多夫尼奇院士，就是反对者之一。全国的民意调查也显示，全国统考的支持者只占 31%，大部分国民对统一考试持否定态度。对统一高考持反对意见的人们，担心主要是“新的制度不能有效照顾学生特长”、“统考对知识的考查会形式化和表面化”、“俄罗斯的中学会因统一高考失去特色”、“抹杀学生特长和降低教师对学生知识考查作用”等等。

针对种种批评，俄罗斯政府为各大学保留了一定的自主招生空间，此外，高校还拥有开展相关专业补充入学测试的权利。无论如何，俄罗斯高考制度已经上路，作为教育系统中的一项重大改革，俄罗斯的教育能否保留之前的优势，同时又解决之前的一系列问题，还要靠时间来证明。

第5章 城市画报

1. 莫斯科和圣彼得堡：两个首都，两种世界观
2. 格拉佐夫城的传说
3. 俄罗斯国家图书馆——俄罗斯的第二所大学
4. 俄罗斯奇迹——维堡城堡

5 城市画报

1 Москва и Санкт-Петербург: две столицы, два взгляда на мир.

Два крупнейших российских города, Москва и Санкт-Петербург, всегда конкурировали друг с другом. Не только за право носить гордое звание российской столицы. Москвичи и петербуржцы при каждом удобном случае стремятся подчеркнуть свою индивидуальность и неповторимость, свои достоинства наравне с недостатками соседа.

Несмотря на взаимные упреки и насмешки, и москвичи, и петербуржцы имеют обыкновение периодически наведываться друг другу в гости – что-то непреодолимо тянет их в соседнюю столицу. Хочется вновь пройтись по Невскому проспекту, посмотреть на разводные мосты, полюбоваться великолепием императорских дворцов Петербурга. Посидеть у памятника Пушкину, побродить по переулкам Старого Арбата и Китай-города…Говорят, что история и

1 莫斯科和圣彼得堡：两个首都，两种世界观

俄罗斯两个最大的城市——莫斯科和圣彼得堡，总是相互竞争。两个城市不仅争夺俄罗斯首都的美誉，莫斯科人和圣彼得堡人更是一有机会便要突出自己个性和与众不同，把自己的长处和对方的短处相比。

尽管双方会有一些互相的指责与调侃，圣彼得堡人和莫斯科人都有定期互访的习惯——有某种东西吸引着彼此：想再次漫步在涅瓦大街，看看开启桥，欣赏一下圣彼得堡的皇宫；想坐在普希金的塑像旁，逛逛老阿尔巴特街的小巷和中国城……据说，每一座城市的历史和建筑都会在其居民的性格上留下某种印记。

архитектура любого города накладывает определенный отпечаток на характер его обитателей.

Многие люди, побывавшие в обеих столицах, отмечают, что петербуржцы более доброжелательны и культурны, но зато у москвичей больше развита деловая хватка, и они более практичны.

Как утверждает легенда, основатель Москвы, русский князь Юрий Долгорукий завоевал московские земли спонтанно, на пути из Киева во Владимир. Поводом для конфликта послужило то, что хозяин местности, расположенных в долине Москвы-реки, не оказал ему должных почестей. Изначально Юрий Долгорукий строил Москву как крепость, небольшой городок, расширяющий границы Владимиро-Суздальского княжества. Впоследствии Москва станет центром удельного княжества, а затем приобретет статус центра русских земель.

Красная площадь — особый символ и архитектурный памятник Москвы. С момента своего возникновения она стала главной значимой площадью города.

В 1508-1516 годах перед кремлевской стеной в оборонительных целях было решено создать

许多去过两个首都的人都认为，圣彼得堡人更友好，更有修养，但是莫斯科人更会赚钱，更加务实。

传说，莫斯科的建立者——俄罗斯王公尤里·多尔戈鲁基是在从基辅去弗拉基米尔的路上自发地占领了莫斯科的土地。由于生活在莫斯河河谷深处的当地人没有对他给予应有的尊敬，于是产生了冲突。起初，尤里·多尔戈鲁基建立莫斯科，把它作为一个要塞，一个扩大了弗拉基米尔——苏兹达尔公国边境的小城。后来，莫斯科成为了封建公国的中心，之后成为了俄罗斯的中心。

红场——俄罗斯首都特别的象征和建筑古迹。自建成之日起红场就成为了城市里十分重要的广场。

1508~1516年出于防御目的在克林姆林宫墙前修建了壕沟，17

ров, через который во второй половине XVII века были переброшены мосты. Именно в ту пору площадь стала по-настоящему Красной — «красивой». Тогда название «Красная» было упомянуто в документах, но утвердилось официально, по мнению некоторых ученых, лишь в XIX веке. Практически все дальнейшее развитие площади: перестройка торговых рядов, появление других зданий — было направлено и на то, чтобы оправдать ее название.

Всего за 300 лет своего существования Санкт-Петербург неоднократно оказывался в центре событий, повлиявших на судьбу всей России. Питер называют «городом трех революций». Перемены, происходящие в стране, отражались во многократной смене названий города: Санкт-Петербург (1703-1914 гг.), Петроград (1914-1924 гг.), Ленинград (1924-1991 гг.) и снова Санкт-Петербург (с 1991 г.).

Санкт-Петербург, расположенный на берегу Финского пролива, задумывался Петром I как «окно в Европу». Он создавался по образу и подобию европейских городов – Амстердама и Венеции. Характерной особенностью новой столицы стали строгие прямые улицы и проспекты.

世纪下半叶在壕沟上建起了桥。就是在这段时期广场成为了真正的红场——美丽的广场。那时红场这个名称在文献中出现过，但是最终确定是在19世纪，由几个学者提出的。事实上广场接下来的发展——改建商铺，修建其他建筑——都是为了使这个名称名副其实。

圣彼得堡建成300年以来，多次成为了影响整个俄罗斯命运的大事件的中心。圣彼得堡被称为“三次革命之城”。国家的变革从这座城市名称的变化上就能反映出来：圣彼得堡（1703~1914年），彼得格勒（1914~1924年），列宁格勒（1924~1991年），又变回圣彼得堡（1991至今）。

彼得一世想把坐落于芬兰湾岸旁的圣彼得堡建成为“通向欧洲的窗口”。圣彼得堡是仿照欧洲的阿姆斯特丹和威尼斯建成的。新首都的特色是笔直的街道和马路。

Известнейший из украшающих город памятников, одна из его достопримечательностей и символов Санкт-Петербурга — конная статуя создателя новой столицы и преобразователя России Петра Великого. Памятник Императору Петру I, на Сенатской площади, сооружен в царствование Императрицы Екатерины II.

Статуя была установлена на огромном гранитном монолите весом 1600 тонн, которому была придана форма волны, что символизировало стремления Петра I возвысить Россию как морскую державу, вывести ее из пучины невежества. Вздыбленный конь, которым, тем не менее твердо управляет царь, отражал характер и непокорность народа. А змея под копытами олицетворяла врагов петровских реформ.

Кольцо или круг воплощает в себе женское начало, прямые линии – мужское. И если продолжить эту мысль, то Москву можно сравнить с веселой, шумной и немного вульгарной девушкой. А Питер – с задумчивым, утонченным, аристократичным и загадочным юношей. Прекрасная пара, не

城市里最著名的雕像，圣彼得堡的象征和名胜之一——新首都的建立者和俄罗斯的改革者彼得一世骑马的雕像。彼得一世大帝的雕像矗立在枢密院广场，建成于女皇叶卡捷琳娜二世统治期间。

雕像竖立在1,600吨重的巨石上。巨石雕为浪花的形状，象征着彼得大帝致力于提升俄罗斯为一个沿海大国，摆脱无知深渊的追求。在彼得大帝坚定驾驭下的陡立的骏马体现了人民的性格和不可征服。马蹄下的蛇象征了反对彼得改革的敌人。

圆圈是女人的特征，直线是男人的特征。如果沿着这个思路走的话，那么可以把莫斯科比作快乐、吵闹、有点粗野的姑娘，而圣彼得堡可以比作冷静、细腻、有贵族气质并且神秘的少年。他们难道不是很棒的

правда ли?

Конечно, споры о том, какой город лучше – Москва или Питер, выглядят нелепыми. У обоих городов есть своя душа, своя неповторимая атмосфера и особенный характер. Что лучше – окунуться в бездну серых глаз Санкт-Петербурга или поцеловать Москву в ее румяную щечку? Почувствовать дыхание ветра с Невы, остановиться на минуточку, задуматься, оценить красоту момента... Погрузиться в водоворот московской жизни, заразиться азартом, стремлением к покорению вершин, ощутить прилив новых сил... Наверное, каждый из них время от времени нуждается и в том и в другом.

一对儿吗？

当然，关于哪个城市更好——莫斯科还是圣彼得堡，这样的争论看起来有些荒唐。两个城市都有自己的灵魂、自己独特的氛围和特别的性格。哪个更好呢——沉醉于圣彼得堡深邃的灰色眸子，还是吻一下莫斯科绯红的脸颊？感受一下涅瓦河畔风的气息，驻足，沉思，鉴赏一下此刻的美……还是沉浸于莫斯科生活的漩涡，狂热、不断征服高峰、感受新力量的浪潮…… 也许他们每个人都会偶尔彼此需要。

单词释义

конкурировать	竞争
обыкновение	习惯
наведываться	拜访
побродить	走一走
накладывать	安装上 固定上
отпечаток	特征
княжество	王公
удельный	封建领地的
утонченный	精美的
аристократичный	贵族的
водоворот	漩涡
азарт	热情
прилив	潮

文化链接

白夜

《烈日灼身》的年代过去了吗？或许，白夜，才是一种可以接受的生活。

晚霞在燃烧。列宁雕像如同剪影，玩滑板的少年纵身而下。

这是圣彼得堡的晚上9点。天空还没有完全暗下来。广场上的人很多。有跌跌撞撞学步的孩子、嘻笑漫步的情侣、玩摩托的朋克。背后是端庄肃穆的社会科学院。喷泉的水柱洁白，水花涌现，仿佛是被许诺的幸福，在夜晚到来之前，日常生活在展露它丰盛的一面。

时光中的时光——莫斯科和圣彼得堡的双城记

时差4小时，但这里夜晚到来的时间要比国内晚得多。临行前买了塔可夫斯基的《时光中的时光》，这位前苏联导演以“雕刻时光”闻名，却饱受专制折磨，出走之后客死异乡。

也许现在已经有很多不同。写《古拉格群岛》的索尔仁尼琴倍受尊敬。大街上很多地方有他的画像。对于索尔仁尼琴，已经不需要这些东西为他加冕，而俄罗斯需要。苦难需要见证，如果遗忘，一切将会失重。

在广场上，气氛是轻的，暖的，混杂的，散漫的。想起陀思妥耶夫斯基的《白夜》，那个在涅瓦河边等待情人的女人，最后终于奔跑着前去寻找，弥漫着一种雾中的凄美，和此时的气氛绝然相异。

《烈日灼身》的年代过去了吗？太阳中的黑子，那统治四方的强烈阳光，代表着一种无可辩驳的正确，却让人想起中午的黑暗。或许，白夜，才是一种可以接受的生活。

天际线

相对于圣彼得堡的权力意志，莫斯科具有更多的自然演进的色彩。

无论是莫斯科还是圣彼得堡，这两个城市的天际线都不算高。彼得要塞中的天使风向标和莫斯科国民经济展览馆附近的尖塔，已经算是拔乎其萃。

圣彼得堡是一座建在丛林和沼泽地上的城市，如果一个人的意志会造就一个城市，那么这就是彼得大帝。彼得具有一种广阔的胃，能够消化当时世界上各种建筑方式。巴洛克式的、洛可可式、还有古典式（叶卡捷琳娜二世更珍爱此式样）在圣彼得堡得以共生。相对于圣彼得堡的权力意志，莫斯科具有更多的自然演进的色彩。这个相当于北京三倍大的城市，在缓慢的变化中展示了开阔的魅力。在穿行当中，离市中心并不算太远处，经常会浮出一大片丛林，这绝非绿地，而几乎就是森林。

也许正是这些景象让人产生错觉。其实，这两个城市，尤其是莫斯科正在发生剧烈的变化。从莫斯科国际机场出发，一路上感觉起吊机不断。电线、起吊机总是从那些古典的建筑中突兀地刺出。是的，一切都在未完成中。这就是转型。这就是巨变。建造与毁坏。一日长于百年之时，百年也许只是一瞬。没有涂抹在墙上大大的“拆”字，但是城市正发出无可避免的轰鸣。

свидания.

Чистый, светлый и лёгкий пейзаж Глазова радует глаз. Красивые зелёные дворы, дома, выкрашенные в пастельные тона, чистейшие парки, патриархальные люди. Глазов - красивый город. Побывав здесь не забудешь эти места никогда.

纪念碑附近约会。

格拉佐夫干净、明亮、清新的风景让人赏心悦目。这里有绿树成荫的美丽宫殿、粉笔画色调的房屋、干净至极的公园、颇有古风的居民。格拉佐夫——美丽之城，这个地方会让你流连忘返、永远难忘。

单词释义

прозаичний	单调平凡的	бревно	原木
ухоженность	保养得好的	бурно	迅猛地
городничий	市长	неукоснительно	坚决严格地
лихой	勇猛的	досуг	休闲
пригорок	小丘		

文化链接

列宁格勒－诺夫哥罗德战役

诺夫哥罗德：千年古城孕育的俄罗斯民族

诺夫哥罗德是俄罗斯最古老商业要道的必经之处，那是“从瓦兰吉亚人到希腊人”都使用的贸易之路。瓦兰吉亚人是指9世纪时入俄的北欧人。

诺夫哥罗德北通波罗的海，南接地中海，向东又可抵达伏尔加河沿岸的多个城市。它怎么会繁荣不起来呢！

但是，到了19世纪末，诺夫哥罗德便没落得只是一个州的行政中心，贸易和工业都迟滞不前。

1927年之后，政府便在这里发展工业，可惜1941年德国大军入侵苏联，第二次世界大战向东方延伸，广袤的苏联土地无法幸免于纳粹军队的蹂躏，诺夫哥罗德也难逃魔爪。当年在这块土地上曾发生一场大战——列宁格勒－诺夫哥罗德战役。

这场战役即苏德战争中，苏军为粉碎德军北方集团军群、彻底解除其对列宁格勒（今圣彼得堡）的封锁和解放列宁格勒州，于1944年1月14日至3月1日实施的战略性进攻战役。

此战役中，苏军重创德军北方集团军群，歼灭三个师，击溃23个师；在宽600公里的正面上突破德军防御，从列宁格勒向西南推进220~280公里，从伊尔门湖以南向西推进约180公里，收复列宁格勒州大部和加里宁州部分地区，为解放爱沙尼亚创造了条件。

战后只剩下一座完整房子的诺夫哥罗德，是在1960年才逐渐恢复原来的工业规模。

俄罗斯最古老的教堂

诺夫哥罗德最著名的就是教堂。早在14和16世纪，河两岸就围绕城市建起了土堡和壕沟。在河的北岸，依照古老要塞周围的地势，辐射状的城市布局围绕克里姆林宫向四下扩展开去。河的南岸，包括外国经商机构在内的商业区，则采取垂直交叉布局。今天，修建在克里姆林宫附近的大桥将城市的两个部分连接起来。

诺夫哥罗德遍布早期宗教建筑。这些建筑严肃、质朴又充满生气，有一个或数个圆顶。内部饰有壁画。13世纪末开始，装饰倾向日益增强。从圣尼古拉教堂（建于1292年）和变容节教堂（建于1374年）就可以反映出来。这些纪念建筑夹杂在二次世界大战以后重建的城市景观当中。

而诺夫哥罗德最年迈的建筑是圣索菲亚教堂，它也是俄罗斯最古老的教堂。它建成于1045至1050年之间，是东正教在俄罗斯取得崇高宗教地位的最早见证者。

公教堂给人的感觉真是很古老，在暗淡的烛光摇映下，可见到四周的墙壁和大柱上都画有大大小小的圣像画或镶嵌上马赛克画。只是这些圣像画的颜色变浅了，显然已失去原有的光彩，而俄罗斯民族的光彩却更加耀眼。

3 Российская национальная библиотека--второй университет России

Библиотека - учреждение, собирающее и хранящее произведения печати и письменности для общественного пользования, а также осуществляющее справочно-библиографическую работу. Несмотря на активное развитие электронных библиотек в интернете, обычные, старые бибилотеки не теряют своей актуальности и необходимости. Представляем вам самая известная в России - Российская национальная библиотека.

Российская национальная библиотека (РНБ) – одна из первых публичных библиотек в Восточной Европе. Расположена в Санкт-Петербурге. Российская национальная библиотека принадлежит к величайшим сокровищницам культурного и исторического наследия страны. Одна из крупнейших библиотек мира, она обладает самым полным собранием изданий на русском языке. В фондах Библиотеки представлена также литература на многих языках мира по ведущим отраслям науки и техники. Особое внимание

3 俄罗斯国家图书馆——俄罗斯的第二所大学

图书馆——一个保存出版作品和文献供社会使用的机构，同时也有查询索引的功能。尽管网上电子图书馆在快速发展，但是传统的图书馆并没有失去其存在的现实意义和必要性。下面就让我们一起了解俄罗斯最著名的图书馆——俄罗斯国家图书馆。

俄罗斯国家图书馆是东欧第一批公共图书馆之一。俄罗斯国家图书馆座落于圣彼得堡，是俄罗斯最伟大的历史文化宝库之一。作为世界上最大的图书馆之一，俄罗斯国家图书馆拥有最全的俄语刊物藏品。其众多收藏中还包括有关先进科技领域的多语种文献。人们常常特别注意有关俄罗

традиционно уделяется формированию фондов документов о России и на языках народов России, издаваемых за её пределами.

Российская национальная библиотека ведет свою историю от Императорской Публичной библиотеки, которая была основана 27 мая 1795 года высочайшим повелением императрицы Екатерины II. Проект постройки здания выполнил архитектор Егор Соколов. Библиотека была задумана не только как книгохранилище, но как общедоступный "источник народного просвещения". Планировалось собрать все книги, напечатанные в России, изданные за границей на русском языке, а также книги о России на иностранных языках. Императрица Екатерина лично следила за строительством библиотеки и принимала участие в сборе книг для библиотечного фонда.

Открытие Императорской публичной библиотеки состоялось14 января 1814 года. Библиотека была открыта для всех, независимо от социального положения.

В 1917 году библиотека была переименована в Российскую публичную библиотеку. В 1932 году библиотеке было присвоено имя М.Е. Салтыкова-

斯的文献和在海外出版的俄罗斯各民族语言的文献藏品。

俄罗斯国家图书馆的前身是帝国公共博物馆，由女皇叶卡捷琳娜二世下令修建，并于1795年5月27日建成。建筑师叶戈尔·索克洛夫为帝国公共图书馆设计的大楼。图书馆修建的初衷不仅是修建一所藏书室，而且是大众的“人民启蒙教育的源泉”。图书馆计划收集在俄罗斯出版的所有书籍，还包括在海外出版的俄语书和有关俄罗斯的外语书。叶卡捷琳娜女皇亲自监督图书馆的修建，并且参与了图书馆馆藏书籍的收集工作。

帝国公共图书馆于1814年1月14日开放。图书馆对所有人开放，没有社会地位之分。

1917年图书馆更名为俄罗斯公共图书馆。1932年又更名为萨尔蒂科夫－谢德林国立公共图书馆。

Щедрина.

В тяжелейшие дни блокады библиотека не прекращала свою работу; ценой неимоверных усилий, в условиях нехватки топлива и электричества её сотрудники сохранили уникальные фонды библиотеки.

В феврале 1973 года было принято решение Совета Министров СССР "О строительстве Нового книгохранилища с читальными залами для Государственной публичной библиотеки им. М.Е. Салтыкова-Щедрина".

27 марта 1992 года был издан указ президента "О Российской национальной библиотеке". Эта роль теперь официально возлагалась на Публичную библиотеку Санкт-Петербурга с одновременным подтверждением ее особого места в национальном историческом и культурном наследии.

Российская национальная библиотека вошла в состав Консорциума европейских научных библиотек, и основная часть ее фондов переехала в новое здание на Московском проспекте. На Фонтанке остались специализированные читальные залы, в которые

在被围困的艰难日子里，图书馆依然对公众开放。在燃料和电力不足的条件下，图书馆的工作人员付出了极大的努力，使珍贵馆藏得以保存。

1973 年 2 月，前苏联部长会议通过了《修建萨尔蒂科夫－谢德林国立公共图书馆带有阅览室的新藏书室》的决议。

1992 年 3 月 27 日，总统下达了《俄罗斯国家图书馆》法令。现在，圣彼得堡公共图书馆正式成为了俄罗斯国家图书馆，也证明了她在国家历史文化遗产中的重要位置。

俄罗斯国家图书馆是欧洲科学图书馆集团之一。其大部分馆藏现已移至莫斯科大街的新建筑里。在丰坦卡运河边剩下的是专用阅览室，其中包括报刊阅览室、乐谱和录音带阅览室以及

входит отдел газет и отдел нот и звукозаписей, и юношеский читальный зал, предназначенный для школьников и учащихся специализированных колледжей, лицеев и профессионально-технических училищ. Часть фондов юношеского читального зала располагается еще в одном здании РНБ на Литейном проспекте. Во всех зданиях библиотеки устраиваются выставки новых поступлений, а также осуществляются услуги по сканированию, распечатке и ксерокопированию печатных документов.Сегодня РНБ входит в число крупнейших библиотек мира. Российская национальная библиотека обеспечивает сохранность более 33 млн. книг и документов в иной форме, обслуживает ежегодно около 1,5 млн. посетителей, выдает почти 14 млн. книг и других документов.

向中学生、大学生和技术学校的学生开放的青年阅览室。在位于铸造

厂大街的俄罗斯国家图书馆的建筑里，还有部分青年阅览室的藏品。图书馆的所有建筑里都设立了新书展示区，并且提供扫描、复印文献的服务。

今天，俄罗斯国家图书馆已成为世界最大的图书馆之一。俄罗斯国家图书馆完好保存了3,300多万册图书和其他形式的文献，每年向150万读者提供服务，借出的图书和其他文献达1,400万册。

单词释义

письменность	文献	переименовать	更名
актуальность	现实性	блокада	围困
необходимость	必要性	неимоверный	极度的，难以置信的
сокровищница	宝库	консорциум	财团
собрание	藏品	сохранность	保存
книгохранилище	藏书室		

文化链接

莫斯科大学图书馆，是俄罗斯最大的大学图书馆，也是俄罗斯最古老的图书馆之一，全称国立莫斯科罗蒙诺索夫大学高尔基科学图书馆。

历史沿革

莫斯科大学（Lomonosov Moskow State Univelsity，全称莫斯科国立罗蒙诺索夫大学）是以俄国伟大学者罗蒙诺索夫命名的，始建于1775年，校园建筑宏伟壮观。是全俄最大的大学，1998年排名世界第15位。莫斯科大学图书馆，在1755年莫斯科大学创办时建立。1756年，即莫斯科大学开办一年后，大学的图书馆便对外开放。1863年前曾发挥公共图书馆的职能，主要为当地大学教授服务。1926年开始接受出版物呈缴本。从1756年以后的一百多年里，莫斯科大学图书馆是莫斯科唯一的公共图书馆。莫斯科大学在传播科学知识方面起了举足轻重的作用。1756年莫斯科大学开始发行俄罗斯第一张非政府报纸。在莫斯科大学的协助和努力下，先后创办了喀山大学、彼得堡艺术学院、小剧院的功能文化科学中心。该馆是全苏高等学校图书馆科学方法研究和指导中心（设有科学方法研究室），对全国高等学校图书馆工作进行科学方法指导。

藏书数量

莫斯科大学拥有俄罗斯高校中最大的图书馆，共有藏书1000万册，其中，外文文献有300余万册。1985年，藏有70种国内民族文字和52种外文的科学文献，共740多万册（件），国外文献240多万册（件）。藏书中有许多珍本，包括古斯拉夫文手稿与最早的印刷物、欧洲与东方古籍珍本、著名学者的手稿和档案等。辟有42个专室收藏俄罗斯历史上42位著名学者和社会活动家的有关文献与档案史料。

莫斯科大学图书馆

服务设施

莫斯科大学图书馆馆藏书籍供莫斯科大学各教学、科研机构使用。而且莫大的每个系都有供学生读书的阅览室。馆内设有20个借书处，90个阅览室，5,500多个座位，为67,000多名读者提供服务。

部门设置

图书馆共设有50多个部门，其中，仅读者服务和文献收藏部门就有25个，还有馆际互借部、古籍及手抄本（达40余万册）书库等等。馆藏书籍供莫斯科大学各教学单位和科研机构使用。从20世纪90年代开始，图书馆陆续为一些院系开设了专门的阅览室，如：法律系、计算机系等。莫斯科大学图书馆不仅是校内最大的学术和教育辅助机构，也是俄国全国各高校图书馆的业务领导机构和全国外文科学文献中心。

现代化建设

现在，全校已形成完整的文献信息系统，由综合性的图书馆总馆、各系的图书馆分馆和提供教学参考书等学科文献的专业阅览室组成。随着时代的发展潮流，莫斯科大学图书馆在自动化、网络化建设和电子资源建设方面也取得了突出的成绩，它以丰富的馆藏、先进的设施、舒适的环境、优质的服务默默地为这所世界一流大学增光添色。

4 Чудеса России: Выборгский замок

Выборг — районный центр на севере Ленинградской области в 130 километрах к северо-западу от Санкт-Петербурга и в 30 километрах от границы с Финляндией. Город находится на Карельском перешейке, полуостровах и шхерах Выборгского залива Балтийского моря. Население города около 80 тысяч человек. В последние годы, во всех туристических проспектах Выборг рекомендуют как единственный европейский город на территории Российской.

Выборгский замок - это хорошо сохранившийся кусочек средневековья на территории России, не так давно ставший её частью. В отличии от крепости Корела, которая постоянно переходила из рук в руки, Выборгский замок до начала 18 века принадлежал только Шведам, а затем находился под контролем России до революции. Замок относительно невелик, но очень искусно сложен и на протяжении многих веков являлся эффективным оборонительным сооружением.

В 1293 году шведские рыцари вторглись

4 俄罗斯奇迹——维堡城堡

维堡——列宁格勒州北部的地区中心，位于圣彼得堡西北130公里处，距离芬兰边境30公里。维堡座落于卡累利阿地峡，波罗的海维堡湾的半岛和小岛上。城市居民近8万人，近年来，维堡作为俄罗斯唯一一座欧式城市吸引了越来越多的旅游者。

维堡城堡是完好保留下来的俄罗斯中世纪建筑，尽管它成为俄罗斯的一部分的时间并不长。和频繁易主的卡累利要塞不同，维堡城堡在18世纪之前一直属于瑞典人，随后，俄罗斯在革命前取得了对它的控制权。城堡不是特别大，但是艺术价值很高，而且几个世纪以来一直是十分出色的防御工事。

1293年，瑞典武士侵略利卡

на Карельский перешеек. Они овладели землями, принадлежащими Великому Новгороду, среди которых оказалось и укрепленное островное поселение местных жителей — карелов.

累利阿地峡，占领了属于大诺夫哥罗德的土地，其中包括当地居民居住的防御性半岛——卡累利阿。

В том острове шведы и возвели замок, преследуя троякую цель: закрепиться на захваченных новгородских землях и держать в повиновении местных жителей, иметь надежный оплот для завоевания всей Восточной Карелии, противостоять новгородцам и обеспечить себе господство над важной торговой артерией, единственным выходом для Руси в воды Балтийского моря.

瑞典人在这座半岛上建起了城堡，其目的有三：巩固已占据的诺夫哥罗德的土地并让当地的居民归顺；为攻占整个东卡累利阿修筑堡垒，与诺夫哥罗德人对抗；保障自己在重要商路上和俄罗斯唯一出海口——波罗的海上的主导地位。

Сначала новгородцы, а потом русские князья и цари несколько раз пытались захватить островок, но безуспешно. Удалось это только Петру I в 1710 году, после двухмесячной осады шведского гарнизона. В результате двухмесячно артобстрела замок был изрядно разрушен. Но по приказу Петра Великого восстановлен. Но затем свое военное значение потерял, а после двух сильных пожаров в середине XIX века стал использоваться частично

起初是诺夫哥罗德人，后来是俄罗斯的王公和沙皇，他们多次试图占领这座岛，但都没有成功。1710 年，经过对瑞典戍边军两个月的包围，彼得一世才成功地占领了这座岛。由于受到长达两个月的炮击，城堡受到极大地损坏。但是彼得大帝下达命令，城堡进行了重建。但是此后城堡丧失了其军事意义，在 19 世

как склад для военной амуниции, а частично - как тюрьма. Содержались там и декабристы.

В 1888 году уже император Александр III распорядился, чтобы военное министерство привело замок в порядок и использовало для своих нужд. Кстати, «военным объектом» он считался до 1964 году, когда Минобороны СССР передало его министерству культуры для открытия музея. Внутренняя планировка замка была изрядно изменена, но его внешние очертания остались такими же, как их строили изначально. Это и позволяет специалистам утверждать, что Выборгский замок - «памятник западноевропейского средневекового военного зодчества», единственный в России.

Из за внешней угрозы замок постоянно модернизировался. Изначально была возведена башня Олафа. В 15 веке создано изысканное внутренее убранство, а по периметру острова построена дополнительная оборонительная стена. В 16 веке укреплена береговая линия и главная башня достраивается до 7 этажей.

13 июня 1710 года город и замок взяты войсками Петра первого. При осаде замок был сильно разрушен, а при реставрации внутренее убранство изменено. В 19 веке замок опять модернизирует, но на этот раз основные изменения касаются внутренней планировки

纪中叶的两场大火后，城堡部分用作存放军事用具的仓库，部分用作监狱。十二月党人就曾囚禁于此。

1888 年，亚历山大三世命令军部修复城堡，以用于所需。1964

年之前它还是“军用设施”，直到前苏联国防部把城堡转交给文化部用于开设博物馆。城堡内部的布局变化很大，但外部的风貌和建成时是一样的。所以专家们确信，维堡城堡是“西欧中世纪军事建筑的纪念碑”，在俄罗斯是独一无二的。

由于外来的威胁，城堡经常进行新建。开始时建成了奥拉夫塔。15 世纪内部完成了精美的装饰，而在岛周围又修建了新的防御墙。16 世纪河岸线进行了加固，主要塔楼增建至 7 层。

1710 年 6 月 13 日，彼得一世的军队占领了城堡。处在包围中的城堡遭到了严重破坏，而在重建中其内部陈设有了很大变化。19 世纪城堡又进行了更新，但这次主要

помещений.

В настоящее время Выборгский замок единственной в Российской Федерации замок эпохи рыцарей. Именно поэтому именно в Выборге каждый год проводятся рыцарские турниры, на которые съезжаются штандарты и стяги из разных мест!

Ныне в отреставрированном музее открыто несколько постоянно действующих экспозиций, в том числе "Древний страж города" (из истории Выборгского замка), Шведский Выборг и другие. В музее хранится коллекция уникальных икон, рукописные книги XVII-XVIII веков, коллекция монет, самой старой из которых больше 1000 лет.

的变化是其内部布局。

如今，维堡城堡是俄罗斯联邦唯一一座骑士时代的城堡。因此，维堡每年都会举行骑士循环赛，各地的人们都会带着旗帜前来参加。

今天，在修复后的博物馆内有一些长期展出的展品，包括“城市古卫兵”（来自维堡城堡的历史），瑞典维堡和其他一些展品。博物馆里保存着独一无二的圣像画、17 至 18 世纪的手稿、硬币藏品，其中最古老的硬币已经有 1,000 多年的历史了。

单词释义

шхеры	小岛	гарнизон	戍边部队
перешеек	地峡	осада	包围
изрядно	十分，相当，程度很大	амуниция	军事用具
Шведы	瑞典人	артобстрел	炮击
оборонительный	防御的	убранство	陈设
разорение	毁坏		

文化链接

俄罗斯文化遗产：杰尔宾特古堡

杰尔宾特古堡是令人难以忘怀的风景：原始的生活方式，美妙的地毯、珠宝、陶器。10种方言对于刚刚接触这个小镇的人来说，总是让每个人赞赏和感到吃惊。毫无疑问，有着5,000年历史的古老的杰尔宾特镇给任何一位旅行者都留下了深刻的印象。

杰尔宾特位于卡斯匹亚海的海岸，高加索山近在咫尺，与海仅仅相隔3公里。原先那里有一条非常著名的公路——连接东南欧近东的唯一通道。

就是在这块土地上从东南欧洲来的游牧民族开始了他们的农业。这里的土地被一道从山顶到海边的围墙围起来。那里有两道这样的墙，在这两道墙中间是这个城镇的走廊，尽管它们很小而且保护得不是很好，但它可以和中国的长城作比较。在不同的时代，无数的人们给这个小镇取过名字，多于20个。但是所有的名字都和“门”这个词有关。杰尔宾特这个名字来自波斯语，意思是“门的一部分”。在俄语中它的意思是“铁门”。强大的城墙和碉堡，挡住了多少风雪，能保留到今天并且给今天的旅行者一个独一无二的机会来看看现今已经消失的部落和民族。

从现存下来的杰尔宾特的遗址来看，它建于6世纪，据推断它有大约1500年的历史，但是最近的研究显示它的历史可能更长。公元3世纪是杰尔宾特的全盛时期。大量的从叙利亚、印度和埃及来的产品坟墓中被发现。3世纪中期杰尔宾特被波斯人占领，从此该小镇开始衰落，而后在公元531到579年它有开始了崭新的阶段。然而，杰尔宾特强大的城墙并没有让俄罗斯从鞑靼人手中解脱。1222年鞑靼人穿过高加索山来了这里。蒙古摧毁了一切，这里的经济也走向萧条。17世纪刚开始塞弗利兹国王打败了土耳其人，杰尔宾特开始了其重建。从18世纪起东高加索和杰尔宾特成了俄罗斯的一个州。1722年彼得一世未用一兵一卒占领了该地区。彼得一世看出了杰尔宾特的重要。在这个城镇的发展过程中铁路扮演了重要的角色。从俄罗斯到巴库的铁路横穿杰尔宾特。这条路是一个新时代的标志。

当然，杰尔宾特复杂的堡垒是最有趣的。这些城墙3米厚，占地4至多公顷，由两道墙构成。这儿的平行的两道墙有一样的构造，北面的建造时间早于南面的那一道。两面墙有众多的塔。南部和北部的城市的城墙有几个门。在许多世纪期间，墙，塔和门被不断的重修。建筑上的详细资料反映了不同时期的建筑艺术的发展。

南部和北部的城市的城墙有几个门。 在许多世纪期间墙，塔和门被不断的重修。建筑上的详细资料反映了不同时期的建筑艺术的发展。对水的存取和利用结构是这个城镇的另一特点。在杰尔宾特一些古老的喷泉至今仍能见到，当地一些居民还在使用。另外它们现存的浴室也很有意思。它们中的一些是这个城堡的中心。浴室中还有冷热水管道。

从杰尔宾特的城堡高处向下观察可以发现这里有许多有纪念碑的墓地。在城堡西南角落的城墙附近有矩形的通向角楼的入口，那儿以前是进山的入口。现在只有一部分幸存的建筑物。但是对它们的研究表明，历史上它曾经很宏伟。

第6章 雅俗共赏的艺术

6 雅俗共赏的艺术

1 Путешествия в Известные Музея России

Музей — энциклопедия общества, истории, искусства и других сфер. Музея различных стран отличаются друг от друга, и российские славятся своей большой коллекцией и изысканным украшением зданий.

Первым российским музеем стала основанная Петром I в 1714 петербургская Кунсткамера (заимствованная форма распространённого в Западной Европе музейного учреждения). С созданием Кунсткамеры произошёл качественный скачок в отношении к древностям, началось их планомерное разыскание. Тесное научное взаимодействие Кунсткамеры с Петербургской АН позволило ей во многом превзойти в своей деятельности аналогичные музеи Европы. Работа учёных по изучению и систематизации музейных коллекций, в свою очередь, стимулировала

1 走进博物馆

博物馆是社会、历史、艺术等领域的百科全书。各国的博物馆都各具特色。而俄罗斯的博物馆以自己丰富的馆藏和精美装饰著称。

俄罗斯第一座博物馆是1714年由彼得一世主持修建的圣彼得堡珍藏馆（借鉴当时风行西欧的博物馆建筑形式）。随着珍藏馆的建立，俄罗斯在对待古迹的态度上发生了质的飞跃，开始了有计划的研究探索。珍藏馆和圣彼得堡科学院之间紧密的学术关系使她能够在很多方面超越同期的欧洲博物馆。从事博物馆收藏研究和系统化理论的学者则通过自己的努

развитие науки, в частности археологии и этнографии.

За более 300 лет музейное дело России непрерывно развилось. На территории этой страны стоят многие известные государственные и регионные музея, некоторые из которых даже пользуются популярностью за рубежом.

Ниже мы будем знакомиться с самыми знаминитыми музеями в России.

Государственный музей изобразительных искусств имени А.С. Пушкина (сокращённо ГМИИ им. А. С. Пушкина)— одно из крупнейших в России художественных собраний зарубежного искусства с древнейших времен до наших дней. Датой его основания считается 17(29) августа 1898 года. Сейчас коллекция ГМИИ им. А. С. Пушкина насчитывает свыше 560 тысяч произведений. В современной экспозиции представлены обширная учебная коллекция тонированных гипсовых слепков с произведений античности, средних веков и эпохи Возрождения, а также собрание подлинных произведений живописи, скульптуры, графики и декоративно-прикладного искусства.

В залах первого этажа представлены преимущественно подлинники: произведения искусства Древнего Египта, античности, собрание европейской живописи VIII - XVIII веков; два зала - Итальянский и Греческий дворики - занимают

力反过来促进了像考古学 民族学之类的学科的发展。

300多年来俄罗斯的博物馆发展蒸蒸日上。广袤的土地上矗立着众多著名的国立和地区博物馆，其中很多都在国际上享有盛誉。

下面我们来认识一下俄罗斯最著名的几座博物馆。

国立普希金造型艺术博物馆是俄罗斯最大的外国艺术藏品博物馆之一，收藏横跨古今，建于1898年8月17（旧历29）日。

目前普希金造型艺术博物馆藏品共计56万余件。展品中有大量古希腊罗马、中世纪和文艺复兴时期作品的着色石膏模塑品，还有很多绘画、雕塑、线条画和实用装饰艺术真品。

一层的大厅中陈列的主要是古埃及、古希腊罗马和8~18世纪欧洲绘画作品的原稿。意大利和希腊两个大厅主要摆放的是模

слепки. На втором этаже размещены залы представленного слепками искусства Древней Греции, Рима, Средних веков и Возрождения. Залы живописи знакомят с искусством XIX - XX веков. Еще в ГМИИ есть кружок истории и искусства для школьников.

Государственный Эрмитаж находится на берегу реки Невы. В главный ансамбль Эрмитажа, расположенный в центре Санкт-Петербурга, входят Зимний дворец – бывшая парадная резиденция русских императоров, здания Малого, Старого и Нового Эрмитажей, Эрмитажный театр и Запасной дом. В музейный комплекс включены Дворец Меншикова и восточное крыло здания Главного штаба, реставрационно-хранительский центр "Старая Деревня" и музей Императорского фарфорового завода. Она обладает коллекцией, насчитывающей около трех миллионов произведений искусства и памятников мировой культуры.

В ее составе – живопись, графика, скульптура и предметы прикладного искусства, археологические находки и нумизматический материал. Картинная галерея включает в себя работы западных художников XIII—XX веков. Наиболее полно представлены мастера Италии XVI—XVIII, Франции XVII-начала XX

塑品。二层主要展出古希腊、罗马、中世纪和文艺复兴时期艺术的模塑品。绘画大厅则展出19~20世纪的艺术品。博物馆还专门为学生设立了历史艺术兴趣小组。

艾尔米塔什博物馆坐落于涅瓦河畔，主体部分位于圣彼得堡市中心，主要有原俄罗斯君主官邸、

小艾尔米塔什、新旧艾尔米塔什、艾尔米塔什剧院和奇珍楼。博物馆群则包括缅什科夫宫、总参谋部的东侧大楼、“老村”修复保管中心和帝王瓷器厂博物馆。

她收藏了近300万件艺术作品和世界文物，其中包括绘画、线条画、雕塑、实用艺术作品、考古发现和古钱币藏品。画廊主要展出18~20世纪西方画家的作品。全面展现16~18世纪的意大利、17~20世纪初的法国、16~18世纪的西班牙和17世纪的弗兰德和荷兰大师的作品。

столетия, Испании XVI—XVIII, а также Фландрии и Голландии XVII века.

Другой известный музей и искусственное сокровище России и россиян ----Третьяковская галерея в Москве ---- самый известный музей. Как Эрмитаж в Санкт-Петербурге, как Лувр в Париже или музей Прадо в Мадриде – так Третьяковская галерея является своеобразной визитной карточкой Москвы.

22 мая (10 мая по старому стилю) 1856 года – дата основания Третьяковской галереи. В этот день начинающий коллекционер Павел Михайлович Третьяков приобрел свою первую картину русского художника В.Г.Худякова «Стычка с финляндскими контрабандистами» (1853). Так начал формироваться первый в России музей национальной художественной школы.

В историческом здании Галереи размещена экспозиция русского искусства XI - начала XX века. В древнерусском разделе можно увидеть работы как безымянных, так и известных иконописцев XII-XVII столетий (в том числе Феофана Грека, Андрея Рублева, Дионисия).

莫斯科特列季亚科夫画廊是一座非常著名的博物馆。正如圣彼得堡的艾尔米塔什、巴黎的卢浮宫或者马德里的普拉多一样，特列季亚科夫画廊是莫斯科市独特的名片。

1856年5月22日（旧历5月10日）是特列季亚科夫画廊成立的日子。这一天，刚入行的收藏家巴维尔·米哈伊洛维奇·特列季亚科夫得到了他的第一幅藏画，俄罗斯画家弗·戈·胡佳科夫的《与芬兰走私者的冲突》（1853年）。从此，俄罗斯民族艺术流派的第一座博物馆开始形成。

画廊的历史建筑中陈列着从11到20世纪初的俄罗斯艺术收藏。古罗斯部分展出的是12~13世纪有名无名的圣像画作家的作品（包括费奥凡·格列克、安德烈·鲁布廖夫、季奥尼西）。18世纪~19世

В залах XVIII - первой половины XIX века демонстрируются полотна знаменитых русских мастеров: Ф.С. Рокотова, Д.Г. Левицкого, В.Л. Боровиковского, К.П. Брюллова, А.А. Иванова… С исчерпывающей полнотой и разнообразием представлено русское реалистическое искусство второй половины XIX века: известные картины И.Н. Крамского, И.Е. Репина, В.И. Сурикова, И.И. Шишкина, В.М. Васнецова, И.И. Левитана и многих других художников. В яркой коллекции произведений рубежа XIX-XX столетий - творения М.А. Врубеля и В.А. Серова, мастеров художественных объединений "Мир искусства", "Союз русских художников", "Голубая роза".

Сегодня, Третьяковская галерея с ее более чем 140 тысячами экспонатов является одним из крупнейших, богатейших музеев национального искусства России. Достигнута и другая цель основателя галереи— создать «общественное хранилище изящных искусств, приносящее многим пользу, всем удовольствие». Кроме «официального статуса» сокровищницы отечественного искусства, она в действительности является истинно народным, любимым миллионами людей музеем.

纪上半期的展厅中展出的是罗科托夫、列维茨基、博罗维科夫斯基、布留洛夫、伊万诺夫等著名俄罗斯大师的油画作品。还有19世纪

后半期俄罗斯现实主义艺术的各种作品，比如克拉姆斯基、列宾、苏里科夫、希什金、瓦斯涅佐夫、列维坦等作家的著名画作。19~20世纪之交部分主要包括弗鲁别利、谢罗夫，还有“艺术世界”文艺社团、“俄罗斯画家联盟”和“蓝玫瑰”画派等大师们的创作。

如今，特列季亚科夫画廊凭借着她14万余件展品跻身俄罗斯最大的民族艺术博物馆之列。画廊创建者的另一个目标也已达成，就是“建立一个大众的艺术宝库，为众人带来益处和享受”。除了本土艺术宝库的这个“官方地位”，她事实上也成为了真正的被数百万人喜爱的人民博物馆。

单词释义

Кунсткамера	珍藏馆	гипсовый	石膏制的
скачок	飞跃	слепок	模塑品
древность	古迹	античность	古希腊罗马
разыскание	探索	график	线条画
археология	考古学	стычка	冲突
этнографии	民族学	контрабандист	走私者

文化链接

19世纪下半叶的俄罗斯，批判现实主义的风气盛行。1863年，14名特立独行的美术学院学生毅然离开学校，开始了反对学院教条主义和官方艺术的征程。特列季亚科夫与其中的领军人物克拉姆斯科伊、批评家斯塔索夫一道共同参与并成立了巡回展览协会（简称巡展派）。

巡展派的精神领袖克拉姆斯科伊（Иван Николаевич Крамской）擅长肖像画，其中最著名的要数《无名女郎（Неизвестная）》，现在也是特列季亚科夫画廊的镇馆之宝。

无名女郎与巡展派

画面上这位典型的19世纪俄国知识女性，侧身端坐，冷眼审视，不屑一顾，显得高傲而又自尊。这种肢体语言表明画中人物与这个世道格格不入，不愿与之合流的神情，暗示着当时一部分民主主义知识分子对社会的态度。她没有华丽服饰和贵夫人的打扮，而是入时得体，是上流社会有文化、有修养、品位极高的知识女性打扮，展现了俄国19世纪新时代女性的完美形象。更有人认为这位无名女郎与列夫·托尔斯泰笔下的安娜·卡列尼娜有着千丝万缕的关系，都是当时的俄国刚毅、果断、满怀思绪、散发着青春活力的俄国女性典型。

画廊的藏品中远不止这一幅举世名作。像列宾、列维坦、苏里科夫的作品都是这里长期展览的珍品。我们所熟悉的《伊凡雷帝和他的儿子伊万》就是列宾历史题材画作中的一抹亮色。伊凡四世在狂怒之下亲手葬送了自己的儿子，也是自己皇位的继承人。血泊中怀抱着自己的儿子，父亲的本色不经意流露，这时的他不再是一个令人闻风丧胆的君王，而是一个失去了心爱儿子的父亲，悲剧就在于儿子的死是他一手造成的。画面中没有过多的色彩，只有细腻的笔触和从平面中溢出的立体的情感。

另一位历史题材画家苏里科夫也是备受青睐，他的作品《女贵族莫洛佐娃》、《近卫军临刑前的早晨》都是俄罗斯绘画史上的经典传世之作。

除了历史题材，特列季亚科夫画廊还收藏了俄罗斯著名风景画家——“大自然的歌手”——列维坦的诸多画作，诸如《小白桦树林》、《金色的秋天》等。

可以说没有特列季亚科夫画廊，就没有巡展派的辉煌；而如果缺少了巡回画派作品，特列季亚科夫画廊的地位也必将黯然失色。总之，二者相辅相成、相得益彰，成为俄罗斯民族艺术永远的骄傲。

2 Театральное Искусство и Жизнь

В 1756 году, после указа императрицы Елизаветы Петровны, последовало учреждение российского театра в Санкт-Петербурге, а вскоре при Московском университете был открыт театр, актёрами которого стали его студенты. В 1759 году в Москве был создан русский публичный театр, отданный в ведение Московского университета, под управление директора университета, поэта и драматурга М.М.Хераскова. Театр просуществовал недолго, но на его основе впоследствии была сформирована первая постоянная труппа в Москве.

Несколько десятилетий московская труппа, в которую входили драматические актеры, певцы, танцовщики и музыканты, возглавлялась частными предпринимателями, в том числе антрепренером М.Е.Медоксом, выстроившем в 1780 году новый большой театр, получивший название Петровского (по названию площади, на которой находился). С 1806 года труппа Петровского театра перешла на казенный счет, в систему императорских театров, и стала называться Императорский Московский театр. Но поскольку незадолго до этого события здание

2 剧院艺术和生活

1756 年伊莉莎白·彼得罗夫娜女皇下令在圣彼得堡建一座俄罗斯剧院，紧接着不久莫斯科大学开办了隶属自己的剧院，演员就是该所大学的学生。1759 年俄罗斯公共剧院在莫斯科建成，由莫斯科大学接管，校长、诗人兼剧作家赫拉斯科夫负责剧院事务。剧院不久后就停办了，但后来在它的基础上形成了莫斯科第一家永久性剧团。

几十年来莫斯科剧团招募了许多戏剧演员、歌唱家、舞蹈家和音乐家，由一些私营企业家管理，包括 1780 年设计建造新大剧院的经理人缅多克斯，当时剧院取名为彼得罗夫斯基剧院（根据剧院所在的广场命名）。1806 年起彼得罗夫斯基剧团转为公费支持，被列入皇家剧院，并更名为莫斯科皇家剧院。但这之前彼得罗夫斯基剧院的大楼被烧毁，剧团有时在莫霍瓦亚镇的帕什科

Петровского театра сгорело, труппа давала свои представления то в доме Пашкова на Моховой, приспособленном под театр, то в деревянном театре у Арбатских ворот, сгоревшем в 1812 году, то в доме Апраксина на Знаменке. И лишь в сезон 1824/25 годов, когда 14 октября состоялось первое представление в перестроенном архитектором В.О. Бове доме купца Варгина, драматическая часть Московской императорской труппы обрела свой постоянный дом – Малый театр.

Слово «малый» сначала даже не писали с заглавной буквы — ведь оно объясняется просто размерами здания, которое было невелико по сравнению со стоящим по соседству Большим театром, предназначенным для балетных и оперных спектаклей. Но вскоре слова «Большой» и «Малый» стали именами собственными, и ныне во всех странах мира звучат на русском языке. Некоторое время балетно-оперная и драматическая труппы Императорского Московского театра были единым целым: один и тот же артист мог участвовать в спектаклях разного рода, театры были соединены подземным ходом.

И.А.Гончаров, обращаясь к А.Н.Островскому, писал: «Только после вас, мы, русские, можем с гордостью сказать: «У нас есть свой русский,

夫楼进行演出（这栋楼被改做剧院使用），有时在阿尔巴特门的木质剧场里演出（该剧场1812年被烧毁），有时在兹那缅卡的阿普拉克辛楼演出。只有1824~1825年演出季期间，也就是10月14日在建筑师博韦建造的商人瓦尔津故居里举行第一场演出后，莫斯科皇家剧团的戏剧团才有了自己的剧场——小剧院。

小剧院的字母刚开始都不是用大写字母书写的——因为“小”这个字只代表了剧院用楼的规模大小，和邻近的专门上演芭蕾、歌剧的大剧院相比它的规模很小。但很快“大剧院”和“小剧院”成为专有名词，现在世界各国都能听到它们的俄语名字。有段时间莫斯科皇家剧团的芭蕾、歌剧和话剧团是合二为一的：同一个演员可以参演不同的节目，两座剧院通过地下通道连接。

冈察洛夫在给奥斯特洛夫斯基的信中写道：“在您之后，我们俄罗斯人才能自豪地说：‘我

национальный театр. Он, по справедливости, должен называться «Театр Островского». Сегодня Островский и Малый театр — имена, неотделимые друг от друга. Великий драматург написал 48 пьес, и все они были поставлены в Малом. Островский создавал пьесы специально для Малого и обязательно сам читал их актерам. Кроме того, он проводил репетиции, определяя трактовку и характер исполнения пьес. Многие произведения были написаны Островским для бенефисов, по просьбе того или иного актера Малого театра.

Еще при жизни драматурга Малый стали называть «Домом Островского». Памятник великому драматургу был установлен у входа в театр в 1929 году. И, какие бы перемены ни происходили в театре и в обществе, пьесы Островского сохраняли и сохраняют в Малом ведущее положение.

На рубеже XIX и XX веков основу репертуара Малого театра продолжали составлять произведения русской и зарубежной классики.

Еще при жизни А.С.Пушкина Малый создал сценические версии трех произведений поэта: «Руслана и Людмилы» (1825 г.), «Бахчисарайского фонтана» (1827 г.) и «Цыган»

们有自己俄罗斯民族的剧院。它应当叫奥斯特洛夫斯基剧院。如今，奥斯特洛夫斯基和小剧院是两个不可分割的名字。这位伟大的剧作家专门为小剧院创作了48个话剧剧本，并亲自读给演员听。此外，他还组织排练，确定剧本的处理和演出的特点。他的很多作品是应小剧院的不同演员举办庆祝演出的要求而作的。

在这位剧作家还在世时，小剧院就更名为“奥斯特洛夫斯基之家”。1929年，剧院门口建成了奥斯特洛夫斯基雕像。不管剧院和社会发生多大的变化，奥斯特洛夫斯基的戏剧始终在小剧院中占据首要地位。

19~20世纪之交，小剧院仍以演出俄罗斯和外国经典作家的著作为主。

普希金在世时，小剧院就根据普希金的三部作品——《鲁斯兰与柳德米拉》（1825年）、《巴奇萨拉的喷泉》（1827年）、《茨冈人》

(1832 г.). Из зарубежной драматургии театр отдавал предпочтение произведениям Шекспира и Шиллера. Впрочем, наряду с серьезными пьесами, существовал в Малом театре и «легкий» репертуар: мелодрамы и водевили.

Важным событием в жизни Малого стала постановка комедии А.С.Грибоедова «Горе от ума». В 1830 году цензура разрешила к представлению лишь отдельные сцены из пьесы, а в 1831 году театральная Москва впервые увидела все четыре акта бессмертного произведения. В спектакле принимали участие два великих мастера московской сцены — Щепкин в роли Фамусова и Мочалов в роли Чацкого.

Не менее важным этапом в творческой жизни Малого театра явились постановки пьес Н.В.Гоголя. Сам великий писатель, надеясь на точное прочтение своей пьесы «Ревизор» в Малом театре, написал М.С.Щепкину письмо, где давал ему советы для постановки. Театр также создал инсценировку «Мертвых душ», а впоследствии поставил «Женитьбу» и «Игроков».

При этом интерес публики к искусству Малого театра оставался исключительно высоким — так, спектакль «Орлеанская дева»

（1832 年）创作了舞台系列剧。至于外国戏剧，小剧院更喜欢莎士比亚和席勒的作品。除了正剧，小剧院还会上演一些轻松活泼的节目，如音乐剧和轻松喜剧。

对小剧院来说，最重要的事件就是上演了格里鲍耶多夫的《聪明误》。1830 年戏剧检察机关只批准上演了其中的几场，而 1831 年莫斯科才允许将这部不朽之作的所有四幕搬上舞台。出演此剧的有当时莫斯科戏剧界的两位大师——谢普金和莫恰洛夫，分别饰演法穆索夫和洽茨基。

小剧院艺术创作的又一重要阶段是在排演果戈里作品时期。果戈里本人为了让小剧院的演员能够精准品读他的作品《钦差大臣》，还特地给谢普金写了一封信，为他的出演提了些建议。剧院还根据《死魂灵》创作了改编的戏剧版本，后来还排演了他的《婚事》和《赌徒》两部作品。

与此同时，小剧院观众的艺术兴致特别高，比如由叶尔莫洛娃主演的席勒作品《奥尔良少女》，

по Ф.Шиллеру с великой Ермоловой в главной роли шел на сцене многие годы, причем через 9 лет после премьеры он был перенесен на сцену Большого театра, так как Малый не вмещал всех желающих его посмотреть. Бывало и так, что, напротив, оперные и балетные спектакли шли в Малом. Именно здесь, по желанию П.И.Чайковского, состоялась премьера оперы «Евгений Онегин».

При жизни А.П. Чехова у Малого театра отношения с его драматургией не сложились. Несмотря на то, что именно в Малый театр Чехов, друживший с его актёрами, приносил свои первые драматические сочинения больших форм, на московской императорской сцене были поставлены только водевили «Предложение», «Медведь» и «Юбилей». Однако сегодня спектакли по великим пьесам Чехова занимают значительное место в жизни театра: «Вишневый сад», «Чайка», «Три сестры».

Своего рода «визитной карточкой» Малого театра стала драматическая трилогия А.К.Толстого, рассказывающая об истории Государства Российского: «Царь Иванн Грозный», «Царь Федор Иваннович», «Царь Борис». В спектаклях по А.К. Толстому звучит музыка Г.В.Свиридова, которую великий композитор написал специально для

在小剧院的舞台上活跃了很多年，并且在首演后的9年还被搬上了大剧院的舞台，因为小剧院已经容不下前来观看的观众了。还有的时候正相反，小剧院也上演一些歌剧和芭蕾舞剧节目。正是在这里，应柴可夫斯基的要求，上演了歌剧《叶甫盖尼·奥涅金》。

契诃夫在世时，小剧院和他的戏剧艺术的关系还没有形成。尽管契诃夫和小剧院的演员关系甚好，但他拿到莫斯科皇家舞台上的也只是轻松喜剧，像《求婚》、《熊》和《纪念日》。然而现在契诃夫的作品在小剧院里占据着重要的位置，比如《樱桃园》、《海鸥》和《三姐妹》。

小剧院的独特“名片”是阿·托尔斯泰讲述俄罗斯国家历史的三部曲，分别是《伊凡雷帝》、《沙皇费多尔·伊凡诺维奇》和《沙皇鲍里斯》。阿·托尔斯泰作品的音乐都由斯维里多夫作曲，他是一位专门为小

Малого театра.

Шли годы, менялись эпохи, приходили новые поколения, но, сохраняя преемственную связь, артисты, выступавшие на этой прославленной сцене, ревностно оберегали и творчески развивали лучшие реалистические традиции старейшего русского театра. Совершенствовался творческий метод Малого театра, создавалась его сценическая школа.

Летом 2010 года Малый театр провел благотворительные гастроли по 8 городам Поволжья «Малый театр – Великой Победе!», посвященные 65-летию Победы в Великой Отечественной войне и 150-летию со дня рождения А.П.Чехова.

剧院作曲的伟大作曲家。

很多年过去了，时代在变，在继承传统的同时，新生代不断涌现，在这个著名的舞台上表演过的演员，勤勤恳恳地守卫着、同时又创造性地发展着最好的古老俄罗斯戏剧的现实主义传统。小剧院的创作方法不断完善，塑造了自己的舞台流派。

2010 年夏天，小剧院在伏尔加河沿岸 8 个城市做了一回慈善巡演《小剧院——伟大胜利！》，献给伟大的卫国战争胜利 65 周年和契诃夫诞辰 150 周年。

单词释义

антрепренер	经理人	водевиль	轻松喜剧
приспособить	改做	цензура	戏剧检察机关
заглавный	大写的	бессмертный	永垂不朽的
трактовка	处理	инсценировка	改编的戏剧
мелодрама	音乐剧	прославленный	著名的

文化链接

2006年中国“俄罗斯年”的开幕戏是奥斯特洛夫斯基的《智者千虑必有一失》，由莫斯科小剧院献演。奥斯特洛夫斯基（1823~1886年）有“俄罗斯氏族戏剧之父”的尊称，而擅演奥氏戏剧的莫斯科小剧院则有“奥斯特洛夫斯基之家”的美誉。

小剧院与中国的不解情缘

奥斯特洛夫斯基戏剧与中国有很深的历史渊源。在新中国成立之前，中国演出次数最多的外国戏可能就是奥斯特洛夫斯基的悲剧名作《大雷雨》。他的另一出名剧《无辜的罪人》1947年由上海文华公司以《母与子》的片名改编成电影。当然，编导把它中国化了，片头还标出两句中国古诗：“鸡雏随母走，羔羊跪山坡”。

新中国成立以后，中国戏剧家把敏锐的目光投向了奥斯特洛夫斯基的喜剧《智者千虑必有一失》。北京人艺于1962年、1990年两度把此剧搬上了舞台。

时光的流逝是能淘洗出戏剧经典的真正价值。自上世纪六十年代之后，《智》剧逐渐变成了戏剧导演首选的奥氏戏剧。这是时代使然。就像莫斯科小剧院导演鲍里斯所说，这个戏可以“使人们将其与当代生活进行联想。”我可以把他改得更加直截了当：《智》剧的几位主要剧中人物即便是在今日中国也有活生生的现实存在。

“改革”一词现在风行全球，而在世界戏剧史上第一次直接涉及“改革”话题的戏剧经典，便是《智》剧。《智》剧一个潜在的时代背景，是1861年俄罗斯推行的所谓“废除农奴制”的社会改革运动。奥斯特洛夫斯基亲眼目睹，这一场并没有改变社会体制于万一的，一点也不激进的社会“改革”，竟然遭到了顽固势力的激烈反对。于是他塑造了一个前所未有的艺术典型———克鲁季茨基将军。剧中有一场非常精彩的戏，便是这位自命“智者”的老顽固演讲他的“一切改革皆有害的”的“条陈”。他断定一切改革“都会鼓励自由思想，等于是号召大家怀疑那些不容置疑的老规矩”。

《智》剧的喜剧性恰恰是在于提示了这个矛盾：剧中表现的一个个支持着这个腐朽社会门面的“智者”，实际上都是些愚不可及的蠢货。1919年列宁观看了莫斯科艺术剧院演出的《智》剧后，对斯坦尼斯拉夫斯基扮演的克鲁季茨基这一角色尤感兴趣，说“这个外表十分尊严的官僚，是个十足的白痴。”

在这个戏里，真正的“智者”只有一个人，那就是平民子弟格鲁莫夫。诚然，才智之士多不甘蛰伏，常有出人头地之想。但这位高智商的格鲁莫夫精通“厚黑学”，为了挤进上流社会，不惜耍弄两面派手法，一方面与这些官僚虚与委蛇，向他们曲意逢迎，一方面又把他对于这些“上流人物”的鄙视写进自己的日记本里，终于逃不过“智者千虑必有一失”的怪圈。格鲁莫夫有不少精彩台词。比如他这样向人夸耀自己的成功之道：“既要有奴才的样子，又要有绅士派头……上司派你去拿什么的时候，要会走出一种赏心悦目的步态——介于跑步、正步和常步之间的奔走。”

童道明（北京戏剧评论家）

节选自：《新京报》2006年03月15日

3 Лебединое озеро

Петр Ильич Чайковский родился в 1840 году в маленьком городе на Урале. Родители будущего композитора были музыкальны, и в доме нередко проходили любительские концерты. Вокруг звучали крестьянские песни. Как писал позднее сам Чайковский, он "вырос в глуши, с детства самого раннего проникся неизъяснимой красотой характеристических черт русской народной музыки", что позднее нашло отражение в его творчестве.

В 1866 году Чайковский переехал в Москву. Его пригласил преподавать в только что открывшуюся Московскую консерваторию Николай Григорьевич Рубинштейн, брат его учителя А.Г.Рубинштейна, известный пианист, дирижер, основатель консерватории в Москве. В течение очень короткого времени он стал одним из самых значительных современных музыкантов России, его известность становилась все более широкой. Постепенно его музыку узнали и в Европе. Именно в это время появилась и Первая симфония Чайковского, названная им "Зимние грёзы", в которой запечатлены не только бескрайние заснеженные просторы России,

3 天鹅湖

彼得·伊里奇·柴可夫斯基1840年出生于乌拉尔的一个小城。父母都曾是音乐家，因此家里时常举行业余音乐会。他的身边也经常响起农民们的歌声。后来柴可夫斯基说道，他“在穷乡僻壤长大，从小便对俄罗斯民乐独特的无以言表的美充满感情”，这在他晚些时候的创作中都有体现。

1866年柴可夫斯基来到莫斯科。尼古拉·格里戈里耶维奇·鲁宾施坦因邀请他到刚开办不久的莫斯科音乐学院执教，这位正是他老师阿·格·鲁宾施坦因的弟弟，著名钢琴家、指挥家，莫斯科音乐学院的创始人。极短的时间内，他成了俄罗斯最有名气的音乐家之一，知名度越来越高。他的音乐也逐渐被欧洲知晓。正在这时他创作出了第一部交响乐作品《冬之梦》，

знакомые композитору с детства, когда вместе с родителями он пересекал в экипажах и санях полстраны, но и душевные переживания человека, настроения путника, погружённого в себя во время бесконечно долгой дороги.

В Москве Чайковский вошел в круг московской интеллигенции. Он тесно общался с актерами знаменитого Малого театра, познакомился с Л.Н.Толстым, что оставило след в его душе на всю жизнь. С драматургом А.Н.Островским у Чайковского установились не только дружеские, но и творческие отношения. Знаменитый драматург стал либреттистом первой оперы молодого Чайковского.

Одной из отличительных черт творчества Чайковского этого периода было обращение к музыкальному фольклору разных народов. Так, он использует сербские напевы в сочинениях, посвященных событиям войны на Балканах (Славянский марш). Украинские напевы использованы в знаменитом Первом концерте для фортепиано с оркестром. В балет "Лебединое озеро" композитор ввел сюиту из танцев разных народов.

作品中刻画了他从小就熟悉的俄罗斯无边无际的雪原，小时候他经常与父母一道乘马车和雪橇走遍半个俄罗斯；除此之外还有人民遭受的精神磨难和长途旅行者的心情。

柴可夫斯基在莫斯科进入知识分子的行列。他与著名的小剧院的演员们交好，认识了列夫·托尔斯泰，这对他的一生都深有影响。而他与剧作家阿·尼·奥斯特洛夫斯基不仅建立了深厚的友谊，还保持着稳固的创作伙伴关系。这位伟大的剧作家为年轻的柴可夫斯基的第一部歌剧创作了剧本。

这一时期柴可夫斯基创作的突出特点就是将不同民族的音乐特色融合到自己的创作中。比如，他在描写巴尔干战争的作品《斯拉夫进行曲》中就运用了塞尔维亚曲调。在《第一钢琴协奏曲》中则融入了乌克兰曲调。在芭蕾舞《天鹅湖》中作曲家引入了不同民族的舞蹈组曲。

"Лебединое озеро" — один из самых известных балетов П. И. Чайковского. Впервые поставленный в московском Большом театре в 1877 г., он явился первым выдающимся образцом балетного жанра в русском музыкальном искусстве. Взяв за основу сюжет одной из старинных легенд, Чайковский создал поэтически вдохновенную, красочную партитуру. Если ранее балет компоновался из серии отдельных танцевальных номеров, то Чайковский впервые утвердил принцип сквозного симфонического развития, тесно связанного со сценическим действием. "Лебединое озеро" с неизменным успехом идет на сценах большинства отечественных театров, а также входит в репертуар зарубежных балетных коллективов. Многие фрагменты из балета (Вступление, Вальс, Танец маленьких лебедей, Чардаш и др.) пользуются широчайшей популярностью, часто звучат на концертной эстраде и по радио.

Почти все балерины хотят играть роль Одетты-Одиллии в «Лебедином озере». Многие из таких, кто станцевали в «Лебедином озере» пользуются попульярностью благодаря этого балета. Одной из них—— Галина Сергеевна уланова.

《天鹅湖》是柴可夫斯基最著名的芭蕾舞剧之一。1877年在莫斯科大剧院首演之后就成为了俄罗斯音乐艺术中芭蕾舞流派的首部杰出作品。柴可夫斯基取材于一个古老的神话，创作了这部如诗般的、鼓舞人心的、生动鲜活的作品。先前的芭蕾舞剧都是由单独的舞蹈单元构成，而柴可夫斯基首次确立了贯穿交响乐发展、与舞台表演紧密联系的准则。《天鹅湖》在国内大小剧院的舞台上常演不衰，甚至成为国外芭蕾舞团体的经典剧目。其中的诸多音乐片段（如序曲、圆舞曲、四小天鹅舞蹈、恰尔达什舞等）受到广泛欢迎，在音乐会和广播中都经常听到。

几乎所有的芭蕾舞演员都想扮演《天鹅湖》中奥杰塔·奥杰莉亚的角色。而很多在《天鹅湖》中担当主演的演员都因为这部芭蕾舞剧一炮走红。其中的一位就是

Первые выступления Улановой в «Лебедином озере» (1929) были только робкими попытками постижения замечательной музыки и хореографии. В постановке Вагановой Уланова уже сознательно ищет свою трактовку, свое прочтение партии. В соответствии с замыслом постановщика она подчеркивает легкость Лебедя и обостряет внутренний трагизм образа. Именно в этот период пишут, что Уланова танцует «меланхолию сердца», «мечтательную грусть, изнеможение жизни», что ее танец необычайно ясен, «и от этой хрустальной ясности еще трагичнее воспринимается музыка Чайковского...».

Пластическая трактовка Улановойпартии Лебедя отличалась именно тем, что, сохраняя все детали композиций Льва Иванова, она придавала им особо легкий, воздушный характер.

Легкость птицы соединялись у Улановой с девичьей пугливой застенчивостью, робостью. В ее первом выходе, первой встрече с принцем создавалось впечатление, что она каждую секунду может взлететь, исчезнуть, она порывисто билась в его руках и рвалась ввысь. И в образе Одиллии Уланова

加琳娜·谢尔盖耶夫娜·乌兰诺娃。

乌兰诺娃首次出演《天鹅湖》（1929年）只是诠释动人的音乐和绝美的舞蹈设计的一次谨慎的尝试。在瓦冈诺娃执导的演出中乌兰诺娃就已经开始有意识地寻找自己的风格以及自己对角色的理解。根据导演的构想她着重表现了天鹅的灵巧和该形象的内心悲剧性。

乌兰诺娃塑造的天鹅形象很有自己的特点，因为她在保留了列夫·伊万诺夫作品中所有细节的同时赋予了角色独有的轻盈的性格特点。

她将天鹅的灵巧和姑娘的羞怯结合在一起。第一次出场和王子的相遇给观众一种印象，她随时都可能飞走、消失，挣脱他的双手。在塑造奥杰莉亚的角色时乌兰诺娃也没有改变既定的基调。所以，

не изменяла избранной тональности. Это была сказочная черная птица, а не обычная, полная земной страсти, обольстительница. Блестяще исполняя все сложные, эффектные движения, которыми изобилует партия Одилии, Уланова и здесь не теряла полетности, легкости. Таким образом, партия Одетты — Одилии в двух ее аспектах приобретала единый характер и стиль.

完美表现奥杰莉亚所有复杂、精彩的动作的同时，乌兰诺娃在表演中还不失激情和灵巧。就这样，同一角色的两个不同角度——奥杰塔和奥杰莉亚——就具有了统一的性格特点和风格。

Став уникальным явлением художественной культуры, "Лебединое озеро" собрало и впитало все богатство романтического балета XIX века и во многом определило развитие балетного театра XX века.

作为艺术界的一朵奇葩，《天鹅湖》将19世纪浪漫芭蕾的所有精华吸收融汇，在很大程度上奠定了20世纪芭蕾艺术发展的方向。

单词释义

глушь	穷乡僻壤	сюита	组曲
запечатлеть	刻画	красочный	生动的
пересекать	穿过	компоноваться	组成
экипаж	马车	сквозной	贯穿的
путник	旅行者	хореография	舞蹈设计
напев	曲调	застенчивость	腼腆
фортепиано с оркестром	钢琴协奏曲	тональность	基调

文化链接

在芭蕾舞剧《天鹅湖》里，剧本可以说是举足轻重的。本来有两个差别很大的天鹅湖版本。但通常会被混合着上演。它们的不同在于对结局的处理。在第一个版本里，王子齐格弗里德（Зигфрид）被幻象所惑，结局是悲剧式的。但在著名的圣彼得堡版本里，尽管结尾音乐是那么悲切，最后的结局却是大团圆。

剧本的原作者已不可考。其灵感可能来自一部1786年出版的童话集《德国民间童话》里面的一个叫《被施魔法的面纱》的故事，作者是卡尔·奥古斯都·姆赛斯。里面提到了离德国城市兹维考不远处有一个天鹅池塘，那里流传着一个关于天鹅少女的传说。当法师施法于天鹅的羽毛时，天鹅就会变成一位少女。而且这样的主题在许多其他童话里也出现过。一位可怜的公主，只有一位王子的爱情才能拯救她。但是悲剧式的结局却是姆赛斯的首创，以前从没在别的童话中出现过。

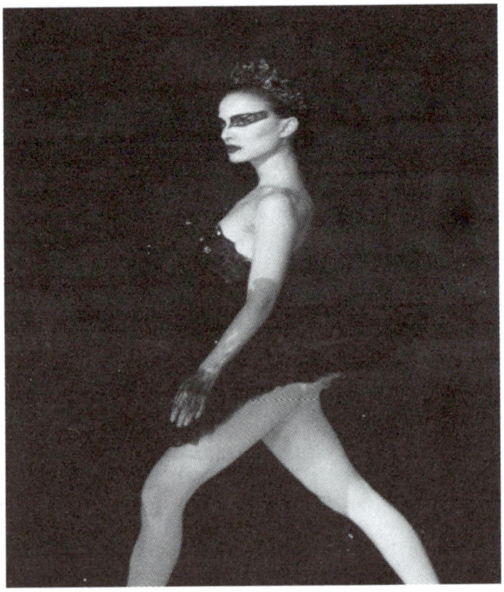

天鹅湖情结

除了在歌舞剧中屡现天鹅湖情节，电影艺术也因天鹅湖的原型而大放异彩。

意大利导演彼特·德尔·蒙特执导的电影《星光迷乱》（又名《天鹅之死》）于1990年上映，这是一部有关“天鹅湖”和“芭蕾”的玄幻影片。有年轻芭蕾舞演员的执着梦想，有黑白天鹅正邪的较量与无奈，也有凄美动人的爱情故事。当然这些都已经是远去的记忆了。

但经典的题材始终都是经久不衰的，我们深藏在记忆深处的那种天鹅湖情节又被另一部电影唤起——2010年刚刚上映的《黑天鹅》。该片的主演娜塔丽·波特曼凭借这部电影获得第83届奥斯卡影后的荣誉。该剧中，自幼便深受母亲艾瑞卡艺术熏陶的妮娜（娜塔莉·波曼饰），长大后成为纽约一个著名芭蕾舞团的当家演员之一。而母亲的固执与特立独行似乎也在潜移默化地影响着年轻女儿的成长。眼下，年轻上进的妮娜正迎来自己事业上的第一个机会，就是参演并竞争著名的芭蕾舞剧《天鹅湖》中的女一号。导演早已看出妮娜的潜质，并对她进行了适时的提点。然而，女一号不但要求拥有舞剧中白天鹅的高尚、纯洁与善良，还要兼具黑天鹅的邪恶、狡诈与淫荡。在竞争中，妮娜不出意外地展现出了她天赋异禀的白天鹅的美貌与品质，而她有力的竞争对手莉莉也在对黑天鹅的演绎中精彩迭出，双双赢得了导演与同行的赞叹。竞争不可避免，甚至从艺术表现的层次一步步上升到了精神扭曲对攻与纠缠的局面，妮娜也一步步踏上了自我毁灭的道路。

4 Нация в танцах

Танец - это особый вид народного искусства. Не поддаётся счёту сколько различных танцев и плясок бытовало на Руси и существует до сих пор в современной России. В каждом районе эти пляски видоизменяются по характеру и манере исполнения. Они имеют самые разнообразные названия: иногда по песне, под которую танцуются ("Камаринская"), иногда по количеству танцоров ("Парная", "Четвёрка"), иногда название определяет картину танца ("Плетень"). Но во всех этих столь различных танцах есть что-то общее, характерное для русского народного танца вообще: это широта движения, удаль, особенная жизнерадостность.

Русские хороводы, украшая собою семейную жизнь, представляются столько же древними, сколько древня семейная жизнь. Жили ли предки их дома, они занимались плясками, хороводами; были ли они на побоище, они воспевали родину в своих былинах. С веселых пиров Владимира песни разносились по всей Руси и переходили из рода в род.

Хороводы бывают женские и смешанные.

4 载歌载舞的民族

舞蹈是民间艺术的特殊类型。难以数清在罗斯时代和当代俄罗斯到底存在多少种舞蹈形式。每一个地区的舞蹈都会根据演员的性格和行为方式而进行改变，他们的名字也各不相同：有时由伴奏歌曲名而定(如“卡马林舞”)，有时由舞者人数命名（如“双人舞”、“四人舞”)，有时也由舞蹈场景决定(如“栅栏舞”)。但这些不同类型的舞蹈又有一个共同点，也是俄罗斯民间舞蹈的共同点，即动作的广度、剽悍，和表现出的特殊的乐观态度。

俄罗斯圈舞充满家庭生活气息，和俄罗斯家庭生活具有同等悠久的历史。无论他们的祖先是否住在家里，他们都会跳民间舞和圈舞；无论他们是否在激战，他们都会在勇士歌中赞颂自己的祖国。愉快的歌声从弗拉基米尔城传开，传遍罗斯全国并代代相传。

圈舞分为女性圈舞和混合圈

Исполняются чаще по кругу, обычно сопровождаются песней, иногда в виде диалога участников. Перепляс носит характер соревнования. Для женского танца характерны плавность, величавость, лёгкое кокетство, игра с платочком; пляска мужчин отличается удалью, ловкостью, юмором.

Русские хороводы распределены по времени года и по сословиям. Сельские начинаются со Святой недели и продолжаются до рабочей поры; другие появляются с 15 августа и оканчиваются при наступлении зимы. Поселяне веселятся только по дням праздничным; в другие дни окружают их нужды, а для искупления их они должны жертвовать всем. Городские хороводы также начинаются с Святой недели и продолжаются во все лето и осень. Горожане более имеют времени гулять и петь; они пользуются всем готовым. Время и разные обычаи до того разнообразят увеселения православных, что в одно и то же время в одном городе встречаем такой праздник, а в другом находим совершенно иной; там есть свои стародавние обряды, здесь другие.Весна и осень, два времени, в которые поселяне более всего веселятся. Здесь семейная жизнь представляется в разных картинах.

舞两种。表演时常常围成一个圈，通常有歌曲伴奏，有时还伴有舞蹈演员之间的对话。竞赛舞则具有比赛性质。女舞蹈演员的动作平稳、庄重、娇媚，拿着手帕；男子则勇猛、灵巧又幽默。

俄罗斯圈舞一年四季都能跳，所有阶层的人也都能跳。农村从圣周开始一直能跳到农忙时候。其他时间就是从8月15号开始，冬天来临时结束。农民们只有在节日的时候才高兴高兴；其他时间只有贫穷相伴，为了赎罪他们要牺牲所有。城里人跳圈舞也是从圣周开始，持续整个夏天和秋天。城里人有更多的时间来休闲娱乐和唱歌,他们通常都是“坐享其成”的。由于时间和风俗的不同，这些东正教徒们的娱乐方式也不同，在同一时间，一个城市庆祝这个节日，而另一个城市则过完全不同的节日；不同地方都拥有自己流传下来的不同的仪式礼节。春天和秋天这两个季节是农村人最开心的时候。在乡下家庭生活呈现

Принимая разделение хороводов на весенние, летние и осенние, мы увидим настоящую картину русской жизни.

Первые весенние хороводы начинаются с Святой недели и оканчиваются вечером на Красную горку. Здесь соединялись с хороводами: встреча весны, снаряжение суженых к венечному поезду. Радуницкие хороводы отличаются разыгрыванием Вьюнца, старого народного обряда в честь новобрачных. Георгиевские хороводы соединяют с собой выгон скота на пастьбы и игры на полях. В этот день к хороводницам присоединяются гудочники - люди, умеющие играть на рожке все сельские песни. Последними весенними хороводами считаются Никольские. Для празднования званые гости съезжаются с вечера и принимаются с почетом, поклонами и просьбами пировать на празднике. Целое селение складывается в складчину на мирской сбор: сварить браги, щей, лапши, каши; напечь пирогов для званых гостей. Званые гости уезжали с лошадьми в ночную, где пиршества продолжались до утра с плясками и песнями. Наставал праздник, со всех сторон стекались православные, званые и незваные. Кругом

出不同的图景。从春天、夏天和秋天的圈舞中，我们可以看到更真实的俄罗斯生活景象。

第一场春季圈舞始于圣周，到红高峰（编者注：俄罗斯认为这几天非常吉利，因此集中于这几天登记结婚，被称为“红高峰”）结束。人们在此时跳圈舞意味着：迎接新春，带着未婚妻远行。祭祀节圈舞和庆祝新婚的古老民间礼俗的表演不同。圣乔治圈舞则将田野里的放牧和玩耍结合起来。这一天古多克琴手会加入到圈舞的行列中来，他们为人们吹奏所有乡间歌曲。最后一种春季圈舞被称为尼科利斯基圈舞。为了庆祝，邀请来的客人从晚上开始聚在一起，互相鞠躬以示尊重，并参加节日当天的晚宴。全村人聚在一起煮啤酒、白菜汤、面条和粥。邀请来的客人们骑马趁夜色赶来，人们唱歌跳舞，盛宴会一直持续到天亮。节日来临时，不管是否被邀请，东正教徒都会从四面八方赶来汇合。乡村墓地周围会摆满桌子，桌上放着馅饼，还会摆上盛满啤酒

погоста ставили столы с пирогами, кадушки с брагой; а в земской избе стояли на столе: щи, лапша, каша. С окончанием обедни начиналась пирушка. Гости ходили по избам, ели, что душе было угодно, пили донельзя. Пред вечером женщины выходили на улицы петь песни, играть в хороводы.

Летние хороводы начинаются с Троицкой недели и бывают веселее и разнообразнее весенних. Поселянки закупают наряды: платки и ленты. Московский семик, первенец троицких хороводов, отправляется во всеми увеселениями. К этому дню мужчины рубят березки, женщины красят желтые яйца, готовят караваи , сдобники, драчены, яичницы. С рассветом дня начинались игры и песни. Троицкие хороводы продолжаются всю неделю. В это время только можно изучать семицкие песни. Петровские и пятницкие хороводы отправляются почти в одно и то же время. Начатие и продолжение их зависит от изменяемости месяцеслова. Ивановские хороводы начинаются 23 июня и продолжаются двое суток. На Петров день оканчиваются летние хороводы.

Осенние городские хороводы в одних местах начинаются с Ильина дня, а в других с

的小木桶；而在地方自治机关的木房子里则在桌上摆放白菜汤、面条和粥。日祷一结束酒宴便开始了。宾客们在房子里跳舞，想吃什么吃什么，尽情畅饮。傍晚时分女人们走上大街唱歌跳圈舞。

夏季圈舞开始于三圣节周，通常要比春季圈舞更有意思，也更多样。村民们会去买一些衣物，如头巾和丝带。作为三圣节圈舞的头一天，莫斯科悼亡节有许多娱乐活动。这一天之前男人们会砍伐桦树，女人们把鸡蛋染成黄色，做大圆面包、奶油鸡蛋糕点、烘饼和煎蛋。天刚蒙蒙亮人们就开始游戏唱歌。三圣节圈舞要跳整整一周。这段时间只能唱悼亡节歌曲。彼得罗夫圈舞和礼拜五圈舞几乎同时进行。它们的开始和持续时间由教历决定。伊万诺夫圈舞从6月23日开始，持续两天。夏季圈舞在彼得节那天结束。

城里的秋季圈舞有的地方是从伊林节开始，有的地方则是从圣

Успеньева дня. Сельские хороводы начинаются с бабье лето.Такая разность указывает более на местности, нежели на различие обрядов. Успенские хороводы начинаются с 6 августа, когда начинают сбирать фруктовые плоды. В старину эти празднества бывали сборные в тульских садах. Веневцы, исключительно занимавшиеся садовыми промыслами, начинали сбор яблок и груш песнями и хороводами.

Кроме сих дней, русские хороводы отправляются на свадьбах, даже зимою. Часто случалось видеть, как зимою на московских свадьбах девушки разыгрывали хороводы в комнатах.

母安息节开始。乡村圈舞从秋老虎开始。这些差别更多的是因为地域差异，而不是礼俗差异。圣母安息节圈舞从8月6日开始，那时刚刚开始收获水果。古代这些庆祝活动都集中在图拉的园子中进行。从事园艺业的韦尼奥夫人唱着歌跳着圈舞开始了苹果和梨的采摘。

除了这些节日，俄罗斯人还会在婚礼上，甚至在冬天举办婚礼时跳圈舞。人们会经常见到冬天在莫斯科人的婚礼上姑娘们在屋里跳圈舞的情形。

单词释义

пляска	舞蹈	погост	乡村墓地
видоизменяться	改变	кадушка	小木桶
сословие	阶层	обедня	日祷
суженая	未婚妻	пирушка	酒宴
Радуницкий	纪念死者的祭祀节日	семик	悼亡节
разыгрывание	表演	каравай	大圆面包
Георгиевский	圣乔治	сдобник	奶油鸡蛋糕点
гудочник	古多克琴手	драчена	烘饼
званый	邀请来的	яичница	煎蛋
пировать	参加宴会	Ильин день	伊林节
пиршество	盛宴	Успеньев день	圣母安息节
стекаться	汇合	бабье лето	秋老虎

文化链接

1951年，在莫斯科埃科米塔什剧院的舞台上，观众首次欣赏了来自加里宁格勒的16个小姑娘演出的俄罗斯少女圈舞。身着长长的红色无袖长衫、端庄典雅的姑娘们，在《田野里有株小白桦》旋律的伴奏下，不是在走，而是在飞，迈着一种特殊、超常、不为人熟悉的舞步。她们手中的头巾，令人想起蔚蓝的苍穹，手中挥舞的白桦树枝，象征着故乡土地的美好风光。观众们非常喜爱这个圈舞，并赋予了它“小白桦”这个象征俄罗斯大地的名字。这个圈舞成为日后歌舞团的保留节目，并奠定了歌舞团的风格，歌舞团也接受了这个名称。

俄罗斯小白桦

小白桦歌舞团演员的表演诗情画意，特别是富有俄罗斯民族色彩的服装配以世界独一无二的俄罗斯“云步”，犹如脚下安上了滑轮整齐划一，透出了一种高贵典雅的气质，于是有人称“小白桦”的表演者是“凌波仙子”。而为了保持“凌波仙子”的美称，“小白桦”表演舞蹈的演员都经过严格的挑选，她们首先经过“残酷”的专业训练，多数是俄罗斯少年舞蹈比赛获奖者。她们的相貌、年龄、体重、身高，甚至三围都如同“裁剪过一般整齐划一”。入选后还将面临不客气的淘汰制。如果一位演员的体重、身高等形体发生了变化，而影响了演出的总体效果，她将离开舞蹈团。

“小白桦”的绝招“云步”一直以来都使观众保持着高度的好奇心，它是俄罗斯小白桦舞蹈团独创的一种舞步。舞台上16个身材修长、美丽优雅的姑娘身着富有俄罗斯民族特色的传统服装，迈着独一无二的“云步”缓缓走来，她们的舞步是那么轻盈，让人感觉姑娘们似乎是在飘洒出一幅幅流动的图画。舞姿随着队型的流动而变化，透出一种高贵典雅的气质。

小白桦的每个团员都为他们创造出的这种神奇的舞步而感到自豪，将之视为一个不能说的秘密，就像川剧中的“变脸”绝活一样，不能外传。所以，他们对于演员的训练以及舞台服装管理等方面都有着严格的规定和保密制度，任何演出都不允许舞蹈团以外的人员进入后台参观，也不允许服装外借，更不允许同行探秘。因此，这种美妙绝伦的“云步”就成了一个不解之谜。

5 Красота в силе

Россия, как одна из спортивных держав в мире, стоит в первых рядах во многих соревнованиях. Изо всех видов спотра, художественная гимнастика—спорт, что даёт нам самое большое эстетическое чувство, и самый традиционный, популярный вид спорта для россиян.

Это красивая постановка рук и ног, изящные и изысканные движения, огромное трудолюбие и творческое участие спортсменок. В России hет города или крупного посёлка городского типа, где бы не занимались этим спортом. Неспроста на летних олимпийских играх большинство чемпионов по художественной гимнастике - россиянки. Их именазнакомы и всему миру. Алина Кабаева, Юлия Барсукова, Ирина Чащина, Евгения Канаева и другие.

Художественная гимнастика — сравнительно молодой вид спорта ; своим появлением он обязан мэтрам балета прославленного Мариинского театра. За сравнительно небольшой срок своего существования этот вид спорта завоевал мировую признательность и имеет многочисленных поклонников во всех уголках земного шара.

5 力量之美

俄罗斯作为世界上的一个体育大国，在很多赛事中都名列前茅。众多体育项目中，艺术体操是给我们带来最大美感享受的体育项目，也是俄罗斯的传统项目，是最受俄罗斯人喜爱的体育项目。

它是手脚并用做出的优美表演，非常优雅、精致，需要运动员辛苦的努力和创造性的参与。在俄罗斯没有一座城市或者大的城镇是不搞艺术体操的。也无怪乎夏季奥运会中艺术体操冠军大部分都是俄罗斯人。他们的名字享誉世界，像阿莉娜・卡巴耶娃、尤利娅・巴尔苏科娃、伊琳娜・恰希娜、叶甫盖尼亚・卡纳耶娃等等。

艺术体操是一个相对年轻的运动，她的出现要归功于著名的马林斯基剧院的芭蕾舞教师。在其存在的较短的时间内，这项运动得到了全世界的认可并拥有已遍布全球的众多爱好者。

В 1913 году в Ленинградском институте физической культуры имени П. Ф. Лесгафта была открыта высшая школа художественного движения. Все преподаватели до прихода в ВШХГ имели свой опыт в работе по преподаванию : «эстетической гимнастики», «ритмической гимнастики», «танцевальной гимнастики» и «свободного танца» и т.д. Слияние воедино всех этих направлений гимнастики способствовало появлению этого изящного вида спорта. В апреле 1941 года, был организован и проведен выпускниками и учителями школы, первый чемпионат Ленинграда по художественной гимнастике. В 40-е годы развите художественной гимнастики, так же как и всего советского спорта практически остановилось из-за Великой Отечественной Войны.

В 1948 году прошел первый чемпионат СССР по художественной гимнастике. В 1945 — создана Всесоюзная секция художественной гимнастики, преобразованная в 1963 в федерацию СССР. В конце 1940-х годов разработаны классификационная программа и правила соревнований. А дальше развитие этого вида спорта протекало с необычайной быстротой, охватывая все большее число юных участниц.

В 1967 в мировой художественной гимнастике появляется принципиально новый командный вид

1913 年开业的列宁格勒列斯加夫特体育大学开设了艺术运动高等学院。所有教师在来到该学院之前都曾有过相关教学经验，比如审美体操、韵律体操、舞蹈体操和自由舞等。将这些流派并在一起就促成了艺术体操这项高雅运动的出现。1941 年 4 月，学院的毕业生和教师组织举办了第一届列宁格勒艺术体操锦标赛。40 年代，像其他苏联体育一样，艺术体操因卫国战争停止了发展。

1948 年，苏联第一届艺术体操锦标赛开赛。1945 年成立了全苏艺术体操部，1963 年改组为苏联艺术体操联盟。40 年代后期制定了分类方案和比赛规则。这项运动以超常的速度进一步发展，越来越多的年轻人参与进来。

1967 年世界艺术体操出现

— соревнование по групповым упражнениям. В 1967 в Копенгагене состоялся первый чемпионат мира по групповым упражнениям. Тогда же советская команда завоевала золотые медали. В период с 1963 по 1991 чемпионаты мира проводились раз в два года по нечетным годам, а по четным годам, начиная с 1978 по 1992, проводились чемпионаты Европы. С 1992 г. чемпионаты мира и Европы проводятся ежегодно.

1980 год стал для художественной гимнастики поворотным, после завершения Олимпийских игр в Москве, на конгрессе МОК было принято решение о включении этого вида спорта в программу Олимпийских игр. Олимпийская же история художественной гимнастики начинается в 1984 году, когда первое Олимпийское золото завоевала в Лос-Анжелесе канадка Лори Фанг.

Спустя четыре года олимпийской чемпионкой в Сеуле стала Марина Лобач, Александра Тимошенко одержала победу в Барселоне, в Атланте — Екатерина Серебрянская, в Сиднее — Юлия Барсукова в Афинах — Алина Кабаева, в Пекине — Евгения Канаева. Завоевание российскими спортсменками золота на Олимпийских играх в 2002, 2004, 2008 гг и вся история советской художественной гимнастики

了一种全新的形式——团体比赛。1967年在哥本哈根举行了第一届团体世锦赛。当时苏联夺得了金牌。1963年至1991年这段时间，世锦赛每两年（逢单数年）举办一次，1978年到1992年双数年举办欧锦赛。自1992年以来，欧洲和世界锦标赛每年举行一次。

1980年莫斯科奥运会结束之后，艺术体操迎来了一个转折点，国际奥委会大会上通过决议，决定将这项运动纳入到奥运会的赛事中。艺术体操的奥林匹克历史始于1984年，加拿大选手洛里·冯获得洛杉矶奥运会的第一块艺术体操金牌。

四年之后在首尔奥运会上玛丽娜·洛巴奇夺冠，巴塞罗那奥运会上亚莉桑德拉·季莫申科摘得桂冠，亚特兰大奥运会是叶卡捷琳娜·塞列布里安斯卡娅，悉尼奥运会是尤利娅·芭尔苏科娃，雅典奥运会

позволяют не только надеяться на успех в 2012 году, но и быть уверенными в том, что выступления их девушек будут достойны высших наград и в других соревнованиях.

Художественная гимнастика показавает нам во основном элегантность женщин, а хоккей---- сила и мощность мужчин.

Несмотря на широкое распространение и популярность хоккея с шайбой в странах Европы, Канаде и США, в России и СССР до 1946 г. этим видом спорта практически не занимались. В России был широко распространен хоккей с мячом.

Играть в хоккей с шайбой начали после окончания Великой Отечественной войны. В кратчайший срок ведущие хоккеисты в хоккее с мячом освоили канадский хоккей, взяв из отечественного хоккея все лучшее: высокий уровень скоростного маневрирования на коньках, точность и своевременность передач, коллективность действий и др.

Официально чемпионаты страны начали проводиться с 22 декабря 1946 г. Эту дату принято считать датой рождения хоккея с шайбой в этой

是阿丽娜·卡巴耶娃，北京奥运会是叶甫盖尼亚·卡纳耶娃。2002、2004、2008 年奥运会上俄罗斯运动员取得的金牌，以及整个苏联时期的艺术体操历史让大家不仅期待 2012 年俄罗斯的完美表现，而且还对俄罗斯姑娘们在其他比赛中取得更好的成绩充满信心。

艺术体操让我们领略的是女性的优雅，而冰球则给我们展现了男性的力量和刚强。

尽管冰球运动在欧洲、加拿大、美国广泛传播、颇受欢迎，但在俄罗斯和苏联，在 1946 年前实际上没有开展这项运动。在俄罗斯以前流行的是曲棍球。

卫国战争结束后冰球才开始在俄罗斯流行起来。短时间内主要的曲棍球运动员都掌握了加拿大冰球的技巧，并借鉴了本国曲棍球运动中的优势：滑冰快速运动灵活、传球准确及时、团队合作等。

正式的国内锦标赛是从 1946 年 12 月 22 日开始的。这一天也就是俄罗斯冰球诞生的日子。莫斯科迪纳摩队赢得了

стране. Первым чемпионом СССР стала команда московского «Динамо». С этого времени началось бурное развитие хоккея в России, формирование самобытной отечественной школы хоккея с шайбой. Хоккей становится всемирно любимым видом спорта.

В 1950-1951 гг. впервые был проведен розыгрыш Кубка СССР. Первым его обладателем стала команда «Крылья Советов». В 1952 г. Федерация хоккея страны вступила в Международную федерацию хоккея (ЛИГХ). В 1954 г. сборная команда СССР впервые стала чемпионом мира, а в 1956 г. олимпийским чемпионом.

В связи со сменой поколения и омоложением состава национальной сборной в 1957-1962 гг. она менее успешно выступала в международных соревнованиях. Но начиная с 1963 г. советские хоккеисты становятся девятикратными чемпионами мира и трехкратными олимпийскими чемпионами, тем самым демонстрируя превосходство российской школы хоккея над зарубежными. Подтверждением этому являются результаты официальных матчей сборной с командами «звезд» профессионального хоккеяв 1972 и 1974 гг., а также в финальном

前苏联第一次锦标赛的冠军。从此俄罗斯的冰球运动开始飞速发展，形成了独具一格的冰球风格。冰球成为全世界喜爱的一种体育运动。

在1950~1951年，前苏联首次举办世界杯。第一个冠军队是“苏维埃之翼”。1952年，俄冰球联合会加入国际冰球联合会（LIGH）。1954年，前苏联国家队首次夺得世界冠军，在1956年成为奥运冠军。

1957年至1962年之间，由于国家队成员的更替和年轻化，前苏联很少进入到国际比赛当中。但自从1963年开始，前苏联冰球运动员连续九次成为世界冠军、三次奥运冠军，从而凸显了俄罗斯与国外冰球队相比的优势。这一点在1972年和1974年与明星队的职业冰球比赛和加拿大杯（1981年）的决赛中都得到了印证。加拿大杯比赛中，俄罗斯球员以8:1的

матче на Кубок Канады (1981), в котором российские хоккеисты победили канадских профессионалов с разгромным счетом 8:1. Таких же высоких результатов добивались в международных соревнованиях молодежная и юношеская сборные команды России.

В последние годы (с 1994 г. по настоящее время) российский хоккей переживает большие трудности, связанные с экономическим и финансовым кризисом в стране. Недостаточное материально-техническое обеспечение процесса подготовки хоккеистов и отток ведущих хоккеистов в зарубежные клубы негативно отразились на результатах выступлений сборных команд.

В октябре 2010 года, в Санкт-Петербурге состоялось общероссийское совещание с участием руководства ФХР, директоров и главных тренеров детско-юношеских хоккейных школ и школ олимпийского резерва, участвующих в первенстве России, первенствах федеральных округов, краев и областей. В рамках совещания выступил президент ФХР, который в своем выступлении коснулся проблем развития детско-юношеского хоккея и будущего хоккея их страны. "Серьезные проблемы есть в юниорском и молодежном хоккее:В последнее время мы много проигрываем, игроки стали слабее физически. Ухудшилось

成绩战胜了加拿大职业球员。俄罗斯少年和青年国家队在国际大赛中同样也赢得了很好的成绩。

近年来（1994 年至今），由于经济和金融危机，俄罗斯冰球正经历着巨大的困难。培养冰球运动员的物质技术的缺乏，以及优秀运动员外流都对俄罗斯国家冰球队的表现产生了负面影响。

2010 年 10 月，在圣彼得堡举行了俄罗斯会议，参会的有俄罗斯冰球协会主席、青少年冰球学校、奥运会储备学校的各位校长和主要教练，还有地区冠军。会议期间俄罗斯冰球协会主席发表了重要讲话，在自己的发言中他讲到了俄罗斯青少年冰球和俄罗斯冰球未来发展的种种问题。“我们的青少年冰球存在很严重的问题。最近我们经常输球，球员身体素质在下降。冰上滑行的质量

качество катания, теряется преимущество в техническом мастерстве, каким всегда славились отечественные хоккеисты."

Нам ещё неизвестно, как будет развиваться хоккейное дело в России. Его будущему нужны усилия всех сторон: правительства, ФХР, тренеров, конечно, и спортсменов самих.

下降了，我们正失去技术优势，以前我们还一直引以为傲。"

俄罗斯的冰球会怎样发展我们还不知道。需要多方努力才能促成它的继续发展：政府、冰球协会、教练，当然还有运动员自己。

单词释义

изысканный	精美的，极精致的	хоккей с мячом	曲棍球
неспроста	不无意外地	маневрирование	动作
ритмический	有节奏的，韵律的	нечётный	奇数的
воедино	在一起	отток	外流
классификационный	分类的	первенство	冠军

文化链接

体育强国俄罗斯

俄罗斯作为一个体育强国，在奥运百年历史上，一直是主要奖牌得主，到现在仍然是我国在奥运奖牌榜上的强劲对手。俄罗斯各项运动的水平比较均匀，而且发展程度都比较高。目前俄罗斯队已经参加过奥运会的几乎所有项目，均获得过奖牌。成绩最突出的要数体操、艺术体操、花样游泳、跳水、拳击、摔跤等。由于俄罗斯地处高纬度，拥有得天独厚的冬季奥运会训练和比赛场地，因此俄罗斯队在冬季奥运会项目上也拥有极强的实力，如滑雪、花样滑冰等项目。

俄罗斯是一个盛产体育尖子的国家，历史上的著名运动员不胜枚举。前苏联举重运动员弗拉索夫、男子体操名将阿尔捷莫夫、朱卡林、季托夫、拉特尼娜等，他们对中国体操界的发展，也起到了一定的推动作用。

苏联解体后，有一些优秀运动员代表前苏联其他加盟共和国参加奥运会，另外一些运动员加入了美国或澳大利亚国籍。但这似乎对俄罗斯队的整体实力没有太大影响。近些年来不断涌现新的优秀选手，如体操"冰美人"霍尔金娜、体操王子涅莫夫、艺术体操选手卡巴耶娃、击剑选手卡其莫娃、举重名将皮萨列夫斯基等，成绩突出，在奥运会上具有夺得奖牌甚至金牌的实力。

俄罗斯之所以能够创造奥林匹克运动的巨大成就，与其领导人的作用密不可分。无论是前苏联领导人，还是两位俄罗斯总统，都十分看重体育在国家事务中的地位和作用。同时，大多数国家领导人也往往对体育运动有着强烈的爱好，并身体力行。历数前苏联与俄罗斯的掌舵人，斯大林喜爱钓鱼，勃列日涅夫酷爱打猎和国际象棋，戈尔巴乔夫钟情游泳，叶利钦迷恋打猎和钓鱼，前任总统普京更是多个项目的高手，可谓体育全才。领导人的身体力行必然带动整个俄罗斯的全民运动风潮，也难怪俄罗斯体育大国、体育强国的称号一直不倒。

第7章 巧夺天工的工艺品

1. 复活节彩蛋
2. 图拉茶炊
3. 若斯托沃托盘
4. 套娃

7 巧夺天工的工艺品

1 Пасхальные яйца

У каждого народа существуют свои религиозные праздники, но среди них есть праздник праздников, самый главный. Таким событием на Руси на протяжении многих столетий была Святая Пасха.

Да и в мире этот праздник всегда отмечался с особенным воодушевлением. Не забылись пасхальные традиции даже за годы советского отрицания религии.

Ну а главным атрибутом светлого праздника были и остаются пасхальные крашеные яйца. Самое интересное, что яйцо стало одним из важнейших культовых символов задолго до возникновения христианства.

Пасхальные яйца являются атрибутом одного из главных религиозных праздников христиан - дня поминовения "чудесного Воскресения" распятого на кресте Иисуса Христа.

1 复活节彩蛋

每一个民族都有属于自己的宗教节日，其中又有节日中的节日，就是最重要的节日。而在罗斯时代，几百年来这个最重要的节日就是复活节。

在全世界，庆祝这个节日都给人带来特别的感动。就算在对宗教持否定态度的前苏联时期，人们也没有忘记复活节的传统。

复活节彩蛋曾经是，并且现在依然是这个美好节日的主要象征。有趣的是，彩蛋成为重要的祭祀象征之一要远早于基督教的诞生。

复活节彩蛋是基督教徒重要的宗教节日之一——钉在十字架上的耶稣基督是“奇迹复活”纪念日的典型标志。

Древние народы считали яйцо прообразом Вселенной — из него родился мир, окружающий человека. Отношение к яйцу как к символу рождения отразилось в верованиях и обычаях египтян, персов, греков, римлян. У славянских народов яйцо ассоциировалось с плодородием земли, с весенним возрождением природы.

Традиция придавать яйцам разноцветный вид на пасху, тесно взаимосвязана с образом святой Марии, которая преподнесла Тиберию яйцо и сказала при этом: «Христос воскрес». На это она услышала в ответ: « В это уверовать невозможно, как в то, если бы вдруг это яйцо стало красного цвета». И в ту же минуту, как только он усомнился, абсолютно белое как снег яйцо обратилось в красное.

Яйцо, как символ Пасхи, олицетворяет собой новое рождение мира, которое прошло через Воскресения Христа. А красный цвет указывает на торжество воскресения, возрождение человека, и на кровь, пролитую Иисусом на кресте, за искупление наших грехов.

Древние славяне расписывали яйца вручную, и некоторые «писанки» становились настоящими шедеврами искусства. В первое время их красили

古代人们认为鸡蛋是整个世界的原型——周围的世界源于它而诞生。在埃及人、波斯人、希腊人、罗马人的宗教和传统习俗中，鸡蛋是诞生的象征。对于斯拉夫民族来说，鸡蛋和土地多产与自然繁荣相联系。

在复活节描绘五颜六色彩蛋的传统和圣母玛利亚这个人物有密切联系。她在向提庇留献上一枚鸡蛋的时候说："基督复活了。"提庇留回答道："这我不相信。除非这枚鸡蛋变成红色。"就在他对此表示怀疑的时候，纯白如雪的鸡蛋变成了红色。

鸡蛋作为复活节的象征表现出了基督复活后的世界新生。红色则体现出了复活的喜悦、人类的复活以及十字架上的耶稣为弥补人们所犯的罪而流淌的鲜血。

古斯拉夫人手工绘制彩蛋，其中一些彩蛋已经成为了真正的艺术品。一开始彩蛋上只涂红色，

только в красный цвет, и только намного позже начали использовать другие краски. На яйца наносили православные символы, слова из святого писания, небольшие картинки, и даже лики святых. Со временем появились яйца из шоколада и сахара, стекла и дерева, из различных драгоценных металлов с украшением из дорогих камней. Создавались целые уникальные коллекции, которые до нашего времени хранят секреты мастерства и не перестают удивлять современников.

За долгое время празднования Пасхи, собралось множество способов по окрашиванию Пасхальных яиц. Так в обычных деревнях на яйцо наматывали разноцветные красящиеся нитки, а потом варили. В результате получался рисунок под мрамор. Вместо ниток можно использовать разноцветную ткань, но только так чтобы она имела свойство линять, иначе ничего не получиться. При таком окрашивании каждое яйцо имело свой неповторимый красочный узор.

Крашеное яйцо нужно было преподнести в

过了很长一段时间才开始使用其他颜色。在鸡蛋上会描绘上东正教的标志，圣经中的话、小图画，甚至还有圣人的头像。渐渐出现了一些彩蛋，它们有的用巧克力和糖制成，有的用玻璃和木头制成，还有的用各种各样带有宝石的贵金属装饰等制成。这些独一无二的珍品至今蕴含着绝密的工艺，让现代人惊叹不已。

在庆祝复活节的悠久历史中，产生了大量染制复活节彩蛋的方法。在普通的乡村中，人们往鸡蛋上缠绕彩色的染色珠子，然后煮鸡蛋。最终制成类似大理石的图案。除了珠子以外，还可以使用彩色的布，但是布必须是可以掉色的，否则是无法给鸡蛋染色的。如此一来每一枚鸡蛋都会有自己独一无二的丰富多彩的花纹。

染制好的鸡蛋会作为礼物送

подарок всем родным и друзьям в знак приязни и забвения накопившихся обид.

Собиравшиеся на Пасху дети очень любили искать яйца в квартире или в саду. Кто-нибудь из старших заранее прятал яички с сюрпризами. Чтобы получить сюрприз, надо было отыскать яйцо. Если детей было много, они делились на «команды», и каждая команда старалась выиграть, найдя как можно больше яиц в отведенное для этого время. Дети любили и «чокаться» яйцами друг с другом, ударяя тупым или острым концом крашеного крутого яйца яйцо соперника. Выигрывал тот, чье яйцо не треснуло.

С начала двадцатого века «писанки» стали очень популярны. Перед Пасхой вся семья собиралась за столом, чтобы расписать яйца. Очень интересный способ был в раскрашивании воском. Маленькими, тонкими палочками, которые обмакивали в горячий воск, наносили задуманный узор на яйцо, а потом их опускали в краску. Таким способом места не тронутые воском окрашивались, оставляя видимым выведенный узор. Блестящая фольга золотого и серебряного цвета тоже шла в

给所有的亲戚和朋友，象征着亲情和遗忘所有积怨。

在复活节时，孩子们非常喜欢在房间或者花园里找彩蛋。大人们提前把一些让人惊喜的彩蛋藏起来。为了得到惊喜就必须找到彩蛋。如果孩子们很多的话，他们就分成小队，为了获胜，每队必须在规定的时间里找到尽量多的彩蛋。孩子们还喜欢互相“碰”鸡蛋，用鸡蛋的圆头儿或者尖头儿和对手的鸡蛋相撞，鸡蛋没有破的那个人就获胜了。

20世纪初彩蛋开始流行起来。复活节前夕全家人都会聚集在桌边来绘制彩蛋。用蜡绘制彩蛋是一种十分有趣的方法。先把小细棍儿蘸到热的蜡里，在鸡蛋上绘制出想要的花纹，然后把鸡蛋放进颜料里。这样一来，没有被蜡覆盖的地方会染色，留下绘制的花纹。在这个过程中还可以用到闪亮的金色或者银色的锡

ход. Из нее вырезали украшения и наклевали на поверхность окрашенного яйца.

В настоящее время раскрашивание яиц приобрело более простой и удобный вид. Но все, же очень многие стараются своими руками расписать или окрасить символ Пасхи, чтобы передать всю свою любовь и благоговение Светлому Воскресению Христова.

箔。把锡箔做成装饰，覆盖在染色鸡蛋的表面。

如今，绘制彩蛋变得越来越简单方便。但是大多数人还是想亲手绘制或者染制这一复活节的标志。他们以此表达对基督神圣复活的热爱与崇敬。

单词释义

атрибут	固定标志	наматывать	缠绕上……
христианин	基督徒	нитка	线
крест	十字架	красочный	五颜六色的
усомниться	对某事表示怀疑	приязнь	友好
олицетворять	是……的最好体现	забвение	忘却
искупление	赎罪	воск	蜡
расписывать	描绘图案、花纹	обмакивать	蘸一下
писанка	彩蛋	благоговение	尊敬
шедевр	经典，杰作		

文化链接

俄罗斯复活节

“太阳比星辰高出多少，复活节就比其他节日重要多少”，早在古时，俄罗斯的基督徒就对复活节极为推崇。复活节的隆重在于，它体现了东正教信仰的精髓，即颂扬耶稣。他能够将全人类的罪恶揽于己身，通过受难，指示通往上帝及永生之路。在现在大多数俄罗斯人眼中，除了新年和胜利节，就数俄罗斯复活节最为隆重了。对于那些虔诚的信奉东正教的人们来讲，俄罗斯复活节更是一个大典！

经历了谢肉节后7周漫长斋戒后，教徒们迎来了神圣的复活节。按照教义的规定，在斋戒期间，教徒们不能吃荤，不进行娱乐活动，不嫁娶……无论是否举斋，俄罗斯的每户家庭都会准备丰盛的菜肴，迎接复活节的到来。

复活节的象征之一便是鲜艳的彩蛋，他们被放置在特意栽培的嫩草（通常是小麦或是燕麦苗）上。另一不可或缺的点缀是为节日烤制的圆柱形面包，它用加牛奶、黄油和鸡蛋的面粉，佐以葡萄干、果脯等烤制，再抹上甜甜的鸡蛋糖衣，洒上各色谷粒。民间认为，成功的复活节面包应该是诱人而美味的，预示着全家一整年都会幸福美满。摆在面包旁边的是复活节的当家菜肴，名字也叫复活节，但烹饪方法却各有千秋。纤细的蜡烛在餐前点亮，摇曳的烛光映衬着面包、菜肴、还有可口的俄罗斯馅饼、肉馅和蘑菇馅的居多，当然，小长面包、奶渣饼、扁面包也是必不可少的。正式开斋是在早饭时。

做完复活节的通宵礼拜，人们从教堂返回家中。但大多数人都不去教堂，而是在家中观看电视转播。不管怎样，在“基督复活了！真的复活了！”的声音响起之前，是不能吃东西的。复活节的进餐也有一定的讲究。严格地说，面包与彩蛋必须到教堂去受洗。这通常是在过节前一天完成的。

人们通常是从复活节彩蛋吃起，先互相碰碰，看谁的更为坚硬，然后再吃掉。当然，茶是少不了的（俄罗斯喜欢红茶，尤其是热气腾腾的红茶）。在复活节的第一天，人们通常要聚会，邀请亲戚。除去必不可少的菜肴外，还有其他许多美味的食品：烤鸡，辣根鱼冻，“俄罗斯的沙拉”，许多可口的腌菜，如蘑菇、黄瓜和白菜等。餐桌上弥漫着伏特加、白兰地和葡萄酒的芬芳。如果复活节不纵情娱乐，那简直是罪过！

节日第二天要接待朋友，或是出门做客。空手登门拜访是件失礼的事情，更何况恰逢佳节。客人们通常携鲜花、糖果或是绘有各种图案的复活节彩蛋上门。这些彩蛋或是木制、蜡制、石制，或是用陶瓷、水晶制成。彩绘蛋是俄罗斯传统造型艺术的精髓。在今天的艺术沙龙中，也可以寻到精美绝伦的装饰彩蛋，它们是真正的艺术品，如著名的“法贝格”风格的金蛋。在19世纪末20世纪初，卡尔·法贝格作坊正是在复活节前为皇室赶制出了这批举世闻名的珠宝杰作。

开斋后，人们习惯透过一片涂黑的玻璃观看太阳。数个世纪以来，只要赶上复活节，就一定会阳光明媚。民间说法是，如果谁看见太阳在“玩耍”，“乐开怀”，他就会一生幸福。

2 Тульский самовар

Одной из самых ярких и показательных черт русского традиционного быта издавна считается чаепитие за самоваром. Самовар был не обычной принадлежностью домашнего хозяйства, а своеобразным олицетворением достатка, семейного уюта, благополучия. Его включали в девичье приданое, передавали по наследству, дарили. Тщательно начищенный, он красовался на самом видном и почетном месте в комнате. Появление этого "медного чуда" связано с широким распространением в России заморского напитка - чая.

До чая в России употребляли разные напитки. Самое большое распространение на Руси получил сбитень. Впервые на Руси чай появился в 17 веке, его подарил русскому царю один из монгольских ханов. Но не сразу чай прижился на русской земле. Первоначально употребляли его с большой осторожностью, чаще как лекарство. О целебных свойствах чая народ сложил поговорки: "Чай пьешь - до ста лет проживешь","Выпей чайку - позабудешь тоску".

В России утвердился обычай заваривать чай в небольшом количестве, то есть готовить заварку и

2 图拉茶炊

用茶炊饮茶——自古以来就是俄罗斯传统习俗中最独特、最典型的特征之一。茶炊不是普通家庭主人使用的用品，而是富裕、舒适、吉祥的特别象征。茶炊通常被当做嫁妆、传家之物或礼物。仔细清洗干净后，茶炊被醒目地放在房间里最显眼、最神圣的地方。这个“铜之奇迹”的出现和舶来饮料——茶在俄罗斯的流行紧密相连。

在饮茶出现之前，俄罗斯人喝不同的饮料。在罗斯时代最流行的是热蜜水。17 世纪茶叶首次在罗斯出现，是一个蒙古可汗把茶叶赠送给了沙皇。但是饮茶并没有一下子在俄罗斯流行起来。起初人们饮茶是十分谨慎的，常把它当做药。关于茶叶的保健作用人们还编了俗语：“喝茶活百岁”、“饮茶无烦恼”。

在俄罗斯人们习惯煮少量的茶，也就是说，煮茶时在水煮沸的过程中加入茶叶。为了煮水泡

разбавлять ее по мере надобности кипятком. Для кипячения воды для чая и был изобретен самовар.

Первое известное упоминание о самоваре относится к 1746 году. Вторая половина 19 века - начало 20 века - "золотой век" самовара. Наиболее популярны были самовары, изготовленные тульской фирмой.

В России отношение к чаепитию и самоварам сложилось особенное. Приобретение самовара считалось значительным событием в жизни семьи. К самовару относились бережно, хранили как семейную реликвию. Иногда в доме заводили два самовара: один предназначался для повседневного использования, другой более вместительный и красивый в праздничные дни. Еще в начале XX века они были в каждом доме и неприменно на чайном столе рядом с сахарницей.

Русский самовар представляет собой яркое явление декоративно-прикладного искусства и мануфактурного производства. В России трудно встретить человека, который нс слышал бы или нс имел представление о самоваре.

Тульский самовар -- в русском языке это словосочетание давно стало устойчивым. Самовар и Тула неразделимы. В любом

茶就发明了茶炊。

1746 年历史上首次提到了茶炊。19 世纪下半叶到 20 世纪初是茶炊的“黄金时代”。当时最流行的茶炊是图拉公司制作的茶炊。

在俄罗斯，人们对饮茶和茶炊的态度十分特别。是否拥有茶炊是家里十分重要的一件事。人们对茶炊像对家里的圣物一样爱护有加。有时候家里会同时有两个茶炊：一个日常使用，另一个更大、更漂亮，在节日里使用。早在 20 世纪初，茶炊就走进了千家万户，在桌子上一定能看到糖罐旁的茶炊。

俄罗斯茶炊是实用艺术和手工制造的典型代表。在俄罗斯没有人没听说过，或者不知道茶炊。

图拉的茶炊——在俄语中已经早已成为固定词组。茶炊和图拉是分不开的。在

уголке России и далеко за ее пределами можно встретить тульский самовар. Тульские мастера веками ковали оружие и делали самовары.

Сначала самовары изготавливали из зеленой и красной меди, а также мельхиора. Позже стали использовать различные типы латуни. Самовары были различных размеров и форм, только тульские самовары насчитывали примерно 150 видов. Для того, чтобы придать самовару неповторимый вид, приглашали известных художников и скульпторов. Таким образом создавались расписные самовары.

Всем известно, что самовар - это устройство для приготовления кипятка. "Сам варит" - отсюда и слово произошло. И сам самовар не мог появиться ни в какой другой стране. Есть в Китае, откуда был завезен в Россию чай, родственный прибор. Но настоящего самовара нет больше нигде, хотя бы потому, что в других странах кипятком сразу заваривают чай, примерно как кофе.

В России самовар стоит всегда в центре стола. Он «добрый» по своему образу — округлости форм. Он добродушно попыхивает

俄罗斯的任何一个角落、在世界各地都能见到图拉茶炊。几百年来图拉的工匠们一直锻造兵器和茶炊的零件。

一开始图拉茶炊由绿铜、红铜和白铜制成。后来开始用不同种类的黄铜。茶炊尺寸和形状各异，但只有图拉的茶炊有将近一百五十多种。为了让茶炊有独特的模样，许多著名的艺术家和雕塑家也被邀请参与制作。于是就产生了五颜六色的茶炊。

众所周知，茶炊是烧开水的装置。“自己煮”——这是茶炊这个词的由来。在其他任何一个国家里都没有茶炊。在中国——俄罗斯茶叶的来源地，有类似的工具。但真正的茶炊其他地方都没有，也许因为人们都像冲咖啡一样用热水泡茶。

在俄罗斯，茶炊总是放在桌子的中央。它因圆鼓形的形象显得十分“友善”。它亲切地喷出热气，

дымком и булькает кипящей водой. Он отражает в своих боках окружающих его людей и природу, придавая некоторую ирреальность происходящему.

Такой предмет на столе был необходим для русской церемонии чаепития. Самовар вошел в каждый дом. Он стал нужен солдату и маршалу, дворянину и крестьянину. Возникла разветвленная промышленность по изготовлению самоваров, и каждый производитель пытался сделать свою продукцию так, чтобы она отличалась от других формой, удобством.

На сегодняшний день самовар — это символ русского гостеприимства и уважения к своим гостям. Самовар - это часть жизни и судьбы русского народа, отраженная в его пословицах и поговорках, в произведениях классиков русской литературы - Пушкина и Гоголя, Блока и Горького... Самовар - это поэзия. Это круг друзей и родных, теплый и сердечный покой...

开水发出咕嘟的声音。它的侧面能映照出周围的人和自然，使正在发生的事有一种虚幻感。

这种桌子上的物品已成为俄罗斯茶艺的必备品。茶炊走进到了每一家庭。士兵和元帅、贵族和农民都离不开茶炊。茶炊制造的分支产业也发展起来了，每一个制造者都试图使自己的产品在外形和方便度上独树一帜。

在今天，茶炊是俄罗斯好客、敬客的象征。它是俄罗斯民族生活和命运的一部分，体现在俄罗斯谚语、俗语和俄罗斯文学的经典作品中——普希金和果戈理，布洛克和高尔基……茶炊是一首诗，是相聚的亲朋，是温暖真诚的安宁……

单词释义

мануфактурный	工场手工业的
ковать	锻造
кипяток	沸水
попыхивать	不时喷出烟、汽
булькать	发出咕嘟声
ирреальность	不现实的
разветвленный	有分支机构的

文化链接

说到俄罗斯的饮茶文化，就不得不提到他们的茶具——茶炊。俄罗斯人爱饮茶，几乎家家户户都有用金属材料制成的茶炊；俄罗斯人饮茶又十分考究，他们一定要用茶炊煮茶喝，还要配上别致的茶碟。

茶炊里的俄罗斯文化

真正意义上的俄罗斯茶炊出现于18世纪，是随着茶落户俄罗斯并逐渐盛行而出现的。茶炊多以铜、铁、银或陶瓷为材料，上面的把手、支脚、水龙头等有时被巧妙地雕刻成各种小动物形象。而茶炊的整体造型也各不相同，有桶形、高脚玻璃杯形、球形、花瓶形、正多边形、梨形、喇叭形、橄榄形等，大大增添了人们饮茶时的情趣。

德国人把俄罗斯人发明的茶炊称为“茶水机”，但茶炊其实并不能算是机器，它的原理十分简单：茶炊的四周装水和茶叶，中间有一个空筒，可放燃烧的木炭，金属外壁安有小水龙头，烧开后可直接流出茶水，有点类似于中国传统的火锅。作为生产制作茶炊的中心，俄罗斯的图拉城因制作工艺精湛而盛名在外。图拉城出产的茶炊大小各异，有供游人用的袖珍型，也有供饭店用的超大型，有供达官贵人用的豪华型，更多的则是供一般家庭用的普通型。

在古代俄罗斯，从皇室贵族到平民百姓，茶炊是每个家庭必不可少的器皿，同时也是人们外出旅行、郊游时的爱携之物。茶炊是俄罗斯茶文化的代表，素有无茶炊便不能算饮茶的说法。无论是亲朋好友欢聚一堂还是熟人和路人突然造访，无论是清晨早餐时还是傍晚蒸浴后，无论是炎炎夏日农忙季节的田头，还是大雪纷飞人马攒动的驿站，俄罗斯人总不忘摆上茶炊饮茶。此外，由于茶炊多为铜制，为了保持铜制品的光泽，用完后主人还会为茶炊罩上特制的丝绒套或蒙上罩布。

时至今天，俄罗斯的新锐艺术家们又打破了茶炊的传统外形，设计出各种颜色艳丽、富有现代感的新式茶炊，有的形状甚至很像电影《星球大战》里怪异可爱的机器人，让人眼前一亮。

但事实上，在现代俄罗斯，人们更多地使用电茶炊。电茶炊的中心部分已没有了盛木炭的直筒，也没有其他隔片，茶炊的主要用途变成单一的烧开水。人们用瓷茶壶泡茶叶，3到5分钟之后，往杯中倒入适量泡好的浓茶叶，再从茶炊里接煮开的水入杯。用茶壶代替茶炊成为现代俄罗斯城市家庭中的流行趋势，尤其是可直接使用的电茶壶和电咖啡壶。新式的茶壶凭借高效、便捷和易操作的优势迅速挤占了餐桌上老式茶炊的位置，古老的俄罗斯茶炊如今更多地成为一种工艺品和装饰品。

然而，茶具的现代化好像没有给俄罗斯人带来多少愉快，相反却削弱了那种家庭里温馨和宁静的感觉。有人说，新式的茶炊永远也无法取代老茶炊在俄罗斯人心目当中的位置。

3 Жостовский поднос

Недалеко от Москвы в очень живописном месте находится село Жостово. Это село прославилось не только в России, но и за рубежом. А знаменито оно тем, что никто лучше местных умельцев не может рисовать цветы на железных подносах. Классический жостовский поднос – это крупные и сочные садовые и полевые цветы в окружении свежей листвы, как будто бы брошенные на подготовленный фон. Цветочный букет жостовского подноса очень прост по своей композиции. Объёмная форма букета сочетается с продуманностью цветового решения. Бортики подносов часто украшены лёгким золотым рисунком.

Как же возникло это удивительное ремесло? В XIX веке на Руси широкое распространение получает заморский напиток – чай. Он вытеснил традиционно русский сбитень, медовуху и различные травяные настои. Возникла целая церемония чаепития. Тульские мастера принялись за изготовление самоваров. Вместе с самоваром на стол ставился и поднос, который также стал непременным участником русского чаепития.

Ведущий сюжет жостовского промысла - цветы.

3 若斯托沃托盘

在离莫斯科不远的一个风景如画的地方，坐落着若斯托沃村。这个村庄在俄罗斯十分出名，同时也蜚声海外。这个村庄的知名之处在于没有人在铁质托盘上绘制的花朵能比得过当地的能工巧匠。经典的若斯托沃托盘上绘制着大簇娇鲜欲滴的花朵，周围围绕着新鲜的叶子，似乎置于精心设计的背景之中。若斯托沃托盘上的花束在布局上十分简单。花束的大小和深思熟虑的配色方案联系在一起。托盘边沿常常装饰有淡淡的金色图案。

这种令人惊叹的工艺是如何产生的呢？19世纪末，在罗斯时代，外国饮料——茶开始流行起来。茶叶取代了传统的俄罗斯热蜜水、蜂蜜酒和草药酒。茶艺开始发展起来。图拉的能工巧匠们开始制造茶炊。与此同时，桌子上也摆上了托盘，它成为俄罗斯茶艺中不可分割的一部分。

这种若斯托沃工艺的主流

Пейзажи, которые встречаются уже на подносах 19 века, мифологические сцены, птицы и прочие не нашли здесь постоянного пристанища. Время от времени мастера обращаются к ним, но вновь возвращаются к цветам, и только цветы неизменно живут на подносах Жостово. Они выступают из ночной темноты фонов, радуя взор яркими вспышками бликов, тонкими красочными переливами, замысловатыми, но отнюдь не прихотливыми гирляндами цветочной вязи, ибо все здесь подчинено форме подноса, цвету фона, приспособлено к руке мастера.

Современная технология изготовления жостовских подносов практически не отличается от применявшейся ранее. Борта подносов расписывают лёгким "золотым" орнаментом. Завершенная роспись покрывается тремя слоями светлого лака и полируется до зеркального блеска. Тонкий лист железа прессуют, для придания дополнительной жесткости края подноса завальцовывают. Лицевая поверхность подноса покрывается грунтом и шпатлевкой, а затем зачищается шкуркой и покрывается лаком, обычно традиционного черного цвета.

Покрытие производят три раза, после этого цветная поверхность подноса приобретает характерный блеск. Подносы просушиваются в

主题是——鲜花。在19世纪的托盘上出现的自然风景、神话场景、鸟类和其他事物都不是若斯托沃托盘青睐的主题。能工巧匠们有时会运用它们，但又改回鲜花。只有鲜花是若斯托沃托盘的不变主题。它们衬托于黑色的背景中，突然发出的亮点令人赏心悦目，细腻多彩的色调，经过精心的设计，但绝不是刻意描画的花簇。因为一切都随托盘的形状和背景色而定，自然流露于能工巧匠之手。

制作托盘的现代工艺和以前使用的工艺实际上没有什么区别。在托盘的边沿绘上淡金色的装饰图案。绘制完的图案会覆盖上三层发亮的油漆并打磨至镜子一般的光亮。用一片薄铁进行压制，再经过卷边使托盘的边沿增加硬度。托盘表面覆盖上背景色和底漆，然后用砂纸打磨、上漆，漆色通常是黑色的。

经过三次上漆后，托盘的表面就有了一种独特的光亮。在特殊的炉子里烘干。然后用

специальных печах. Затем изделия расписывают масляными красками.

В Жостове пишут на черном, красном, желтом и синем фоне, но самый распространенный, "классический" - это черный. Обычно в центре располагают крупные цветы, написанные яркими красками. Мелкие рисуют по краям подноса, они делаются слегка затемненными и словно сливаются с фоном. В результате такой росписи и цветы и листья словно выступают из глубины.

Источником вдохновения жостовских мастеров служит в первую очередь природа, тщательно изучаемая, типизированная, прошедшая через художественное сознание многих поколений мастеров. Мы не найдем в этих произведениях точных «портретов» цветов, как, например, в картинах мастеров голландской живописи.

Подносы чаще всего использовались в трактирах - на подносы жостово ставили самовары, приносили посетителям трактиров блюда. Некоторые ресторации использовали красивые подносы для украшения стен, так как Жостовские подносы приобрели к концу 19 века огромную популярность. В связи с этим, очень сложно сказать, где проходит тонкая грань функциональности.

Еще с конца 20 века, иностранные туристы

油质的颜料绘制图案。

若斯托沃托盘有黑、红、黄和蓝几种颜色的背景，但最常见、最经典的是黑色。通常托盘中间有一大簇用亮色绘制的花，边沿上画上小花，小花画得稍暗，几乎和背景融为一体。这样画上的花朵和树叶有种呼之欲出的感觉。

若斯托沃工匠们的灵感首先来源于大自然。大自然已经经过几代工匠们的仔细研究、典型化和艺术加工。在这些工艺作品中我们找不到像荷兰绘画大师作品中的准确的花的“肖像”。

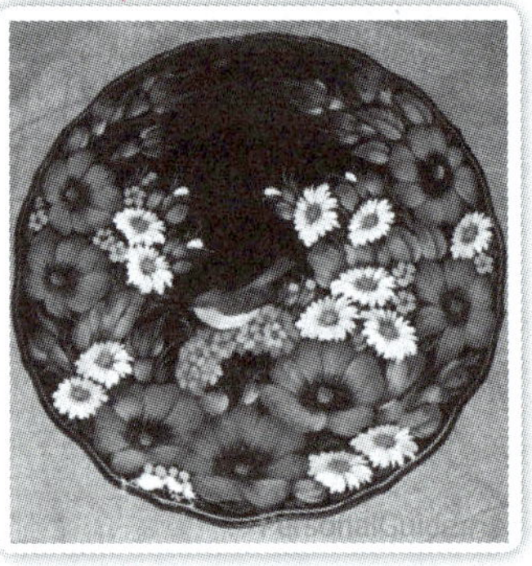

托盘常常在小饭馆中使用——托盘上会放上茶炊，还用它给小饭馆的客人上菜。一些小饭馆用这些漂亮的托盘装饰墙壁，这是因为在19世纪末若斯托沃托盘开始盛行起来。因此很难界定托盘功用上的细微界限。

从20世纪末开始，外国游

познакомились с красотой цветов жостовских подносов. Жостовские мастера участвуют в зарубежных и российских художественных выставках, ярмарках, праздниках, посвященные России. Творчество жостовских художников никого не оставляет равнодушным. Каждый отдельный поднос является произведением искусства. Жостовские подносы можно увидеть не только в музеях, лучшие работы хранятся в частных коллекциях первых лиц государств.

Музей подносов в Жостово – единственный в мире. Здесь собраны образцы живописи, которая представляет собой значительное и оригинальное явление в русском декоративно-прикладном искусстве и художественной культуре.

За свою историю жостовские подносы из бытового предмета стали самостоятельными декоративными предметами, а ремесло обрело статус уникального вида русского народного искусства.

客开始了解到若斯托沃托盘上鲜花的美丽。若斯托沃的工匠们参加了许多海内外有关俄罗斯的艺术展、交易会、节庆。没人会对若斯托沃艺术家们的创作无动于衷。每一个托盘都是艺术作品。不仅在博物馆里有若斯托沃托盘，一些最好的托盘作品成为了国家重要人物的私人收藏。

在若斯托沃有世界上唯一的一座托盘博物馆。这里所展示的绘画形式是俄罗斯实用艺术和艺术文化中独一无二的。

在若斯托沃托盘的发展史上，它从日常用品变成了自成一派的精美物品，而工艺上也成为了一种独特的俄罗斯民间艺术。

单词释义

умелец	能工巧匠
композиция	艺术结构
вытеснить	取代
сбитень	热蜜水
вспышка	突然闪光
блик	亮的斑点
перелив	颜色变换
типизировать	使之典型化
декоративный	美观的

文化链接

沃洛格花边

流行于沃洛格达州一带的一种花边工艺，在特制的小木轴上纺织制作。此工艺19世纪初出现。花边特点是在透孔细纱上织绣出流畅、连贯的花纹。花纹图案主要是花草、禽鸟、雪花等。多为餐巾、床罩、窗帘、台布、头巾，以及长条形供分剪出售的花边。

花边的钩花织物图案匀整协调，风格接近古代俄罗斯民间刺绣的图案装饰，如花、鸟、草、雪花等。

俄罗斯民间工艺品

格热利陶瓷器

莫斯科州格日尔镇一带的陶瓷制作工艺。17世纪这一带地区出现最早的作坊，制作陶制餐具。以后制作工艺不断发展，19世纪初开始制造瓷器和陶瓷品。格热利瓷器一般是白底蓝花纹，蓝色有不同色调，花纹图案主要是花草、植物。

迪姆科沃玩具

维亚特卡市迪姆科沃镇的传统工艺制品，历史悠久。玩具由粘土烧制，涂鲜艳油彩，一般造型为动物、骑士、穿花裙的女士、童话及日常生活中的人物，一般长3厘米至10厘米不等。最早这种泥塑玩具是在节日里变魔术用的，到19世纪变成了会叫的儿童玩具。

帕列赫小工艺画

以水胶颜料画在硬纸制成并涂漆的小匣、首饰盒、烟盒上的微型画。1923年产生于帕列赫镇（是俄罗斯圣像制作中心之一），是在圣像画工艺基础上发展起来的。一般是黑底上画色彩鲜艳的生活图景、历史神话故事、文学作品情节等。画工精细，色调柔和，常用金黄色突出画面重点，画的周围常有用金色绘成的装饰性图案。

费多斯茎诺小工艺画

以油彩画在硬纸制成并涂漆的小烟盒、粉盒等小器物上的微型画。1798年此工艺出现于莫斯科州费多斯基诺村。此工艺画中底色及整个画面主要色调常为黑色，画面常表现生活情景、节日喜庆、劳动场面以及复制名画，画面色彩鲜明，表现生动、幽默，接近俄罗斯民间版画的风格，是同类工艺品中历史最久的一种。

4 Матрёшка

Матрешка - наиболее известный и любимый всеми российский сувенир, явление мирового масштаба. Первая русская матрёшка появилась в конце XIX века, тем не менее она снискала небывалое признание как один из всеобъемлющих образов России, символ русского народного искусства.

Почему оригинальную деревянную куклу-игрушку назвали «матрёшкой»? Самым распространенным на Руси именем была Матрёна, если ласково, то Матрёшка. Так и назвали деревянную барышню. Со временем имя Матрёшка стало нарицательным.

Первая русская матрешка была выточена и расписана в московской игрушечной мастерской только в 90-х годах XIX века, по образцу, привезенному из Японии.

Первые русские матрёшки были созданы как забава для детей, которые помогали усвоению понятий формы, цвета, количества и размера. Стоили такие игрушки достаточно дорого. Но спрос на них появился сразу же. На конец XIX века пришелся настоящий матрешечный бум.

4 套娃

套娃——全世界最知名、最受喜爱的俄罗斯纪念品。第一个俄罗斯套娃产生于19世纪末。套娃作为俄罗斯众多形象之一，作为俄罗斯民族艺术的象征，她赢得了前所未有的美誉。

为什么独特的木质娃娃玩具被称为“套娃”呢？在罗斯最流行的名字是“玛特廖娜”，如果亲切一点的话就叫“玛特廖什卡”。乡村里的姑娘也叫这个名字。渐渐地，玛特廖什卡这个名字就固定下来了（注：套娃的俄文音译为玛特廖什卡）。

19世纪90年代，在莫斯科的玩具作坊里才打磨绘制出第一个俄罗斯套娃。她是按照从日本带来的样板制作而成的。

第一批俄罗斯套娃用于孩子们的游戏，来帮助孩子们掌握形状、颜色、数量和尺寸的概念。当时这种玩具相当贵，但对它们的需求迅速扩大。在19世纪末产生了真正的“套娃热”。

Несмотря на то, что и до сих пор можно встретить матрешек неожиданных форм, самыми популярными были и остаются фигурки, которые изображали девушек и женщин: в русских платках, с корзинкой, цветами, хлебом-солью и т.п. За границей, особенно в Германии и Франции, российские матрешки оказались особенно популярны, и в начале 20 века начался массовый вывоз матрешек за границу. Матрешечный бизнес оказался настолько прибыльным, что вскоре появилось еще несколько центров матрешечного дела, именно тогда стали появляться и первые заграничные подделки. Несколько немецких фирм вытачивали и разрисовывали матрешки, выдавая их за русские.

Кроме популярных за границей матрешек, изображавших "русских баб и девок", стали выпускать исторических матрешек (Кутузов, Наполеон), литературных (с персонажами из"Иван Царевича", "Золотой Рыбки").

Что касается количества мест, то самой распространенной и поныне самой популярной является пятиместная матрешка. Однако часто встречаются также матрешки в три- семь- десять- пятнадцать мест. Знаменитая семеновская

尽管到现在人们会看到许多外形令人出乎意料的套娃，但一直以来，最流行的俄罗斯的套娃形象主要描绘小女孩儿和女人：她们带着俄罗斯头巾，拿着篮子、鲜花、面包和盐……在国外，尤其是在德国和法国，俄罗斯套娃十分受欢迎。在20世纪初，俄罗斯套娃开始大规模出口。套娃生意盈利非常好，很快便出现了一些套娃制作中心。也就在那时开始出现第一批国外仿制品。一些德国公司打磨、绘制套娃，冒充是俄罗斯制造的套娃。

除了在国外十分受欢迎的“俄罗斯婆婆和小女孩儿”套娃外，人们开始生产一些绘有历史人物（库图佐夫、拿破仑）和文学人物（“伊凡王子”、“金鱼”）的套娃。

至于一个套娃的件数，至今最流行的是五件套套娃。但也能看到3、7、9、15件套的套娃。知名的谢苗诺夫套娃以其套娃的

матрешка отличается своей многоместностью, в нее вкладывают до 15-18 кукол. Именно в Семенове была выточена самая большая 72-местная матрешка, диаметр которой 0,5 метра, а высота 1 метр. Правда, такая кукла большая редкость, её изготовление требует большого мастерства от токаря, а массовый выпуск таких матрешек невозможен.

Существует поверье, что если внутрь матрёшки положить записку с желанием, то оно непременно исполнится, причем, чем больше труда вложено в матрёшку, т.е. чем больше в ней мест и чем качественней роспись матрёшки, тем быстрее желание исполнится.

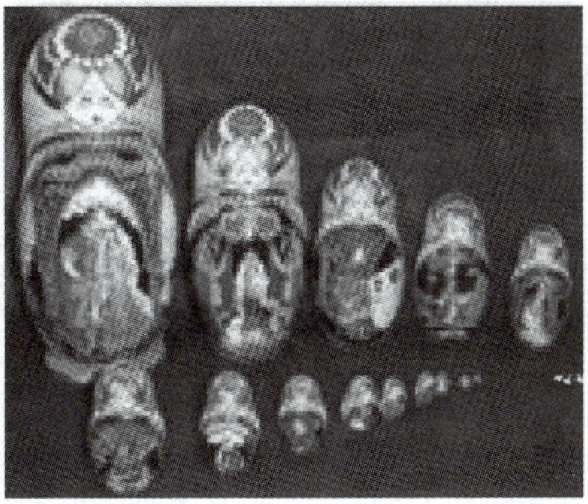

С последним трудно не согласиться – чем больше мест в матрёшке, т.е. чем больше внутренних фигурок, одна меньше другой, тем больше можно положить туда записочек с желаниями и ждать, когда они исполняться. Это своего рода игра, и матрёшка здесь выступает в роли очень обаятельного, милого, домашнего символа, настоящего произведения искусства. Матрёшка

件数之多而独树一帜。就是在谢苗诺夫打磨制作出了最大的72件套套娃，其直径50厘米，高1米。当然，这样的套娃很稀少，制作这样的套娃需要车工高超的技艺，而大量生产这种套娃更是不可能的。

有这样一个传说，如果往套娃里放进写有愿望的纸条，那么愿望就一定能够实现。而且如果放的纸条越多，套娃的件数越多，画得越漂亮的话，愿望实现得就越快。对于后者不得不同意——套娃的件数越多，也就是说里面大小递减的娃娃越多，放进去的愿望纸条就越多，然后就等着它们实现吧。这当然是个玩笑。套娃是一个迷人、可爱的家庭象征，是真正的艺术品。套娃是家庭

– это тепло и уют в доме.

Увидеть все промысловые матрёшки из всех центров матрёшечных промыслов можно в Музее матрёшки в Москве.

Музей матрешки является одним из отделов Фонда народных художественных промыслов, который также включает в себя Салон изделий народных промыслов и Выставочный зал, где проводятся различные выставки. В музее представлены матрёшки, сделанные по мотивам персонажей русских народных сказок, пузатая фигурка в виде кота с торчащими ушами, дородная свинка в мундире и при шпаге и целый красноармейский отряд времен гражданской войны, спрятавшийся внутри своего командир.

В самой большой матрёшке, представленной на выставке, пятьдесят фигурок, что в два раза меньше мирового рекорда. А самая маленькая матрёшка - всего пару миллиметров в высоту.

Как вид народного искусства матрешка обладает огромным потенциалом для передачи событий, развернутых во времени и пространстве, для изображения памятников архитектуры

温馨舒适的象征。

你可以在莫斯科的套娃博物馆里看到所有制作中心手工制作的套娃。

套娃博物馆是民间艺术品基金会的一部分，这个基金会也包括了民间艺术品沙龙和举行各种展览的展厅。

博物馆里展示着根据俄罗斯民间童话人物制作的套娃，圆嘟嘟竖着耳朵的猫，穿着礼服、拿着长剑的肥肥的小猪和内战期间的整队红军，里面藏着自己的队长。

博物馆里最大的套娃有50件套，是世界纪录的二分之一。而最小的套娃只有2毫米高。

套娃作为一种民间艺术，在形式上具有很多潜能：她可以在时间和空间上传播重大事件，描绘弗拉基米尔、苏兹达尔、诺夫哥罗

древнерусских городов Владимира, Суздаля, Новгорода и других, для знакомства с декоративными мотивами традиционных центров русской народной культуры. Все чаще можно встретить матрешку, расписанную под "гжель", "жостово", "палех".

Матрешка - это произведение и скульптурное и живописное, это и образ и душа России.

德等古城纪念性建筑，向人们介绍俄罗斯民间文化传统中心的精品。越来越多的套娃上绘制着“格热利”陶器，“若斯托沃”托盘，“帕列赫”细密画。

套娃——兼具雕塑性和美术性的作品，是俄罗斯的形象和灵魂。

单词释义

снискать	赢得，博得	пузатый	大肚子的
выточить	旋制出	торчащий	竖起来的
корзинка	篮子	дородный	身材高大的
Фонд	基金	мундир	礼服
Салон	沙龙	шпага	长剑

文化链接

俄罗斯套娃是一种形似不倒翁、自大而小、一个套一个组成的木制彩色小人，是俄罗斯最具代表性的精致手工艺品。

关于套娃的原产地说法不一，令人记忆深刻的是关于它的美丽传说：一千多年前，有个小男孩在牧羊时和妹妹走散了，因为想念，他就刻了一个漂亮的木头娃娃带在身边，过了几年，心想妹妹应该长大，于是又刻了一个，直到第7个。他把这些娃娃一个个套着，思念妹妹时就一个个打开。后来木制娃娃就成了小女孩的玩具，男孩也会送给心爱的女孩，当做表白礼物。

它的另一个叫法则是“许愿娃娃”，为什么叫这个名字呢？因为传说中人们只要一直转一直转，转到最小的那个，而后向它许愿，“如果愿望没有实现，你就别想重见天日”，它就会协助许愿人实现愿望。

在19世纪末，最初出现的时候，套娃并不是一个时尚货，代表它的俄语单词读作“玛特廖什卡”，其源于拉丁词“mater”，即“母亲”的意思，这很容易使人联想到斯拉夫民族多子女的身强力壮的母亲，也符合当时套娃的形象——有标志性，但说不上多时尚。

俄罗斯套娃——未来的世界级时尚玩偶

时光飞逝，如今的俄罗斯套娃已经在不知不觉间从一种民族工艺品蜕变成了世界级大众时尚玩偶。

在中国东北边陲满洲里，俄罗斯套娃也十分走俏。鉴于套娃的美丽传说，这里还建了一个套娃公园，里面有不同的时代、不同体态、不同国度的五颜六色的套娃，每一个套娃都是一个人物、一段历史、一个故事。其中位于公园正中心的那个最大的套娃有五六层楼那么高，里面是宾馆和餐厅，显然已经更广泛地扩展了套娃传说本身的内涵了。

套娃的人物题材也出现了重大突破，政治领袖、神话故事、卡通人物、影视歌坛明星、体育明星等纷纷上了套娃图案。

在俄罗斯《VOGUE》杂志10周年庆典上，人们暂且忘记了凯特·莫斯、阿格妮丝·迪恩、克劳迪娅·希弗等超模，取而代之的是吉尔斯·迪肯、拉尔夫·劳伦、穆西亚·普拉达等设计大师们构思的31个俄罗斯套娃！这些小娃娃们的时尚之路还能走到什么程度，实在令人不敢想象。

第8章 边走边看

1. 莫斯科的新老阿尔巴特街
2. 伏尔加河上的纤夫
3. 彼得大帝的夏宫
4. 俄罗斯金环
5. 白夜——圣彼得堡的名片

8 边走边看

1 Старый и Новый Арбат в Москве

Арбат – это, пожалуй, известнейшая улица российской столицы. Все туристы, посещавшие Москву, побывали в этом уникальном уголке Москвы. Арбат привлекает не только многообразием расположенных там старинных домов и достопримечательностей, но и постоянной атмосферой праздника, царящей в любое время года на этой старинной улице.

Существует несколько версий происхождения названия Арбат. Большинство специалистов считает, что слово «арбат» имеет арабское происхождение и означает «пригород». Но некоторые считают, что название это произошло от располагавшейся здесь мастерской, в которой изготавливались телеги, называемые арбами.

Еще в 1935 году в Генплане Москвы было предусмотрено строительство федеральной трассы от Кремля до Рублевского шоссе. Проект

1 莫斯科的新老阿尔巴特街

阿尔巴特——这似乎是俄罗斯首都最著名的街道。来莫斯科游览的所有旅客都会到这个独特的地方来。阿尔巴特大街的吸引人之处不仅是坐落在那里的古老建筑和名胜古迹，还在于在这条古老的街道上四季不衰的节日气氛。

关于“阿尔巴特”这个名称的来源有几种说法。大部分专家认为，“阿尔巴特”这个词源于阿拉伯，表示“郊区”的意思。但一些人认为这个名称来源于一个坐落于此的生产四轮大车的作坊。

1935年，在“莫斯科规划”中就计划建设一条自克林姆林宫至鲁布廖夫公路的联邦大道。方

начали реализовывать лишь через 30 лет во времена Хрущева. Из-за близости к Арбату проспект стали называть Новым Арбатом.

В 70-80 гг. прошлого века здесь была создана пешеходная зона. Туристов встречают художники, музыканты и певцы. Здесь появилось множество торговых точек, ресторанов и кафе. Шла оживленная уличная торговля. С конца 80-х годов, когда было время «дикого капитализма», Арбат становится улицей бизнесменов и деловых людей. Здесь продавалось все, что привозилось из-за границы и производилось в стране. Нередко шла борьба за торговые места и товар. Сейчас здесь - самые престижные и дорогие рестораны и магазины.

Недалеко от старинных переулков и особняков на одной стороне Нового Арбата находятся известные дома-книжки: четыре 26-этажных корпуса, фасады которых напоминают раскрытые книги. В нижних этажах расположены кафе, рестораны, магазины. На другой стороне Нового Арбата находятся пять 25-этажных жилых

案过了30年，到赫鲁晓夫时代，这个计划才开始实施。由于临近阿尔巴特大街，人们就称这条街为新阿尔巴特大街。

在上世纪七、八十年代，这里建成了步行街。在这里游客们会见到艺术家、音乐家和歌手。这里有许多商铺、饭店和咖啡馆。大街上的贸易生意十分红火。从"野蛮资本主义"的80年代末开始，阿尔巴特街成为了商人和生意人的大街。这里卖的东西包罗万象，既进口，也出口。常常会出现争抢摊位和商品的情况。现在，这里有最有名、最高档的饭店和商店。

离古老的胡同和大厦不远，在新阿尔巴特大街的一边坐落着一座著名的书屋——四座二十六层的建筑，正面像一本打开的书。在比较低的楼层有咖啡店、饭店和商店。在新阿尔巴特的另

домов-башен, в которых расположены также рестораны и магазины.

Почти каждый дом на Старом Арбате интересен своей историей. С этими старинными местами неразрывно связана жизнь режиссера Е. Вахтангова. Здесь расположен и театр, носящий его имя. В начале XIX века на месте театра находилась усадьба А.М. Голицына. Позже в здании была гостиница, а затем расположился театр. В 1997 году к 850-летию города здесь был построен фонтан «Принцесса Турандот». Любителям литературы интересны Дома-музеи Цветаевой и М. Ю. Лермонтова и А. Пушкина. Рассказывают, что здесь прогуливались счастливые А. Пушкин и Н. Гончарова. Здесь, в доме №53 прошел их медовый месяц. В феврале 1937 года, к 100-летию со дня гибели Пушкина, на доме установлена мемориальная доска, а в 1986 году был создан музей-квартира А. С. Пушкина. Скульптуры влюбленных Пушкина и Гончаровой встречают москвичей и гостей столицы у своего дома.

Арбат – маленькая часть большого города. Это уникальная часть Москвы. Историческое понятие Арбат – это не только улица. Это

一边有五座二十五层的居民塔楼，里面也有饭店和商店。

在老阿尔巴特街上的每一个房子几乎都有一段有趣的历史。这些古老的地方与导演瓦赫坦科夫有着不解之缘。这里有以其名字命名的剧院。在 19 世纪初，剧院坐落的地方是戈利岑庄园。稍后，大楼里建起了饭店，接着建成了剧院。在 1997 年，建城 850 周年前夕，这里修建了“图兰朵公主”喷泉。文学爱好者们对茨维塔耶娃、莱蒙托夫和普希金的故居博物馆十分感兴趣。据说，普希金和岗察洛娃在这里度过了一段幸福的时光。他们在这里，在 53 号楼度过了蜜月。1937 年 2 月，普希金逝世 100 周年前夕，这幢楼里设立了纪念馆，1968 年建成了普希金故居。莫斯科人和来到首都的客人们在故居里会邂逅相恋的普希金与岗察洛娃的雕像。

阿尔巴特——大城市里的一个小部分。却是莫斯科独一无二的一部分，阿尔巴特的历史概念不仅

было дворянское гнездо. И одновременно профессорское гнездо, гнездо врачей, юристов, писателей, философов. Арбат стал не только местом жительства многих, чья жизнь и творческое наследие вошли в золотой фонд культуры, но и местом действия произведений русской классической литературы.

仅是一条街道，这里也曾居住过贵族、教授、医生、律师、作家、哲学家。阿尔巴特不仅是许多文化领域巨匠的生活之地，也是许多俄罗斯经典文学作品中乐于描绘的地方。

Описание Арбата встречается и у известных русских авторов Булгакова «Мастер и Маргарита», романах Тургенева, Толстого «Война и мир», в произведениях Бунина, Цветаевой, а также наших современников, одним из которых являлся герой творчества Булат Окуджава.

许多著名的俄罗斯作家都在自己的作品中描写过阿尔巴特大街：布尔加科夫的《大师与玛格丽特》，屠格涅夫的长篇小说，托尔斯泰的《战争与和平》，普宁和茨维塔耶娃，还有当代的创作英雄布拉特·阿库扎娃的作品。

Одной из особенностей района является то, что на территории не ведется массовое жилищное строительство и невелика концентрация промышленных предприятий. Управа района успешно реализует программы по проведению спортивно-культурных мероприятий. Традиционным стало проведение «Арбатской спортивной Эстафеты», в

这个地区的一大特点就是，这儿没有大量建设的居民楼，而且工业企业的密度也不大。这个区的管理机构成功地举办了许多文体活动。"阿尔巴特运动接力赛"已经成为了

которой принимают участие не только дети из спортивных клубов района, но и взрослые команды. Фестиваль авторской песни «Ах, Арбат, мой Арбат», собравший известных и начинающих исполнителей, а также многочисленных поклонников популярного жанра, планируют сделать ежегодным.

Прогуливаясь по этим лирическим местам, непременно обратите внимание на дом №43, в котором в 1924 году родился знаменитый поэт-песенник Окуджава. Однажды он сказал: «Арбат для меня не просто улица, а место, которое для меня как бы олицетворяет Москву и мою родину".

传统活动。参加者不仅有运动俱乐部的孩子们，还包括了来自成人队的运动员。原创歌曲文化节“啊，阿尔巴特，我的阿尔巴特”汇集了许多新老歌手和流行音乐爱好者，并计划每年都举办。

漫步于这些优美的地方，一定要注意43号楼。1924年，著名的作曲家阿古扎夫在这里出生。他曾说：“对我来说，阿尔巴特不单单是一条街道，似乎更是一个象征着莫斯科——我的故乡的地方。”

单词释义

уголок	地方	фасад	正面
достопримечательность	名胜古迹	юрист	律师
происхождение	来源	жительство	居住
мастерская	手工作坊	действие	行动
пешеходный	步行的	концентрация	集中

文化链接

阿尔巴特大街的店铺很多，在这里能找到许多奢侈品，这些奢侈品无一例外都来自西方，但都经过了改头换面，带有或浓或淡的俄罗斯本土风格。位于阿尔巴特大街36号的“俄罗斯新贵世界”就是一家专门出售奢侈品的商厦，这里的顾客诚如店名，是俄罗斯现今涌现出的私人企业家、体育明星等社会新贵。

游人必到的阿尔巴特店铺位于阿尔巴特大街27号，这家店在莫斯科可谓独一无二。首先是这里所供应的商品较全，从价值15卢布的艺术小匙到高达5,000卢布的套娃，品种齐全。其中套娃是最富有俄罗斯民族特色的纪念品之一。

去阿尔巴特大街血拼

阿尔巴特店铺出售的套娃形象十分丰富，有传统的俄罗斯姑娘、著名演员，还有体育明星和国家领导人，外层涂以各种色彩鲜艳的颜料或油漆，给人以健康、美丽的印象，顾客往往爱不释手。其中最受人欢迎的套娃是一个塑造成圆脸蛋的农村姑娘的形象，身穿粉红色碎花底的花衬衫和一袭丝织的金黄色长马甲，腰扎洁白的围裙，头系青蓝色花巾，怀里还抱着一只大公鸡。木娃娃可以拆开，每层各套装有一个小一点的，这样一个套着一个，一共有八个，色彩和图案各有不同，显示出阿尔巴特店铺艺人的独特匠心。

宝石商店位于阿尔巴特大街35号，这是一家很大的专门出售俄罗斯历代、特别是前苏联时代首饰的商店。带有浓厚的前苏联色彩的各式项链，镌刻和印制着红星、红旗图案的手镯和琥珀胸针，琳琅满目，好像一个博物馆。宝石商店的另一个特色是它的外墙设计，墙面上陡然一看似乎满是涂鸦，乱七八糟的线条，色彩互相缠结。但静心再看，又发现艺术的韵律在线条和色彩中回旋，令人顿生百感。据说这面墙是宝石商店特意为纪念俄罗斯著名的摇滚乐界大腕维克多·措伊开辟的。每年有许多崇拜者从各地来到阿尔巴特大街的宝石商店缅怀这位流行歌手，每来一次，自然都少不了一头扎进店里，购买一些商品。

随着俄罗斯经济和政治体制的转轨，经商逐渐成为莫斯科青年喜爱的职业之一。许多受过西方经营管理教育的年轻人投身商海，而阿尔巴特大街正是他们一试身手的地方。他们或租赁街头的小店或摆地摊，出售以油画和艺术玻璃器皿为主的商品。在阿尔巴特大街出售的油画，一般不装裱，卷成一束，略加包装即可，便于顾客携带。当街为游客绘画是阿尔巴特大街绘画销售的又一特色。油画、版画、速描画、立体画……阿尔巴特大街上的绘画品种之多令人咋舌。在这些或是妙龄女郎或是白发老者的画家笔下，碳素、粉墨、油彩运用自若，片刻之间游人的形象就惟妙惟肖地跃然纸上，一手交钱一手取画，主客双方其乐融融。

2 Бурлаки на Волге

«Бурлаки на Волге» — картина русского художника Ильи Репина, созданная в 1870—1873 годах. Эта картина изображает артель бурлаков во время работы, является хрестоматийным примером критического реализма. Сейчас она находится в Русском музее в Санкт-Петербурге.

В 1868 году И. Репин со своим товарищем по учебе отправился на этюды. Как-то раз они увидели такую сцену: по берегу Волги под палящими солнечными лучами тянут против течения тяжело груженную баржу одиннадцать бурлаков. Они такие грязные, оборванные, медленно движутся, усталые и измученные. Ноги вязнут в глубоком песке, яркое солнце, весело освещая пустынное побережье, а они шаг за шагом идут вперед и тянут свою лямку. Бесконечно длинна Волга-матушка, бесконечен и тяжелый путь этой ватаги. Эта сцена так поразила И. Репина, что с того момента художник надолго увлекся темой "Бурлаков". В этой картине образы бурлаков воплощают покорность судьбе, протест и озлобление,

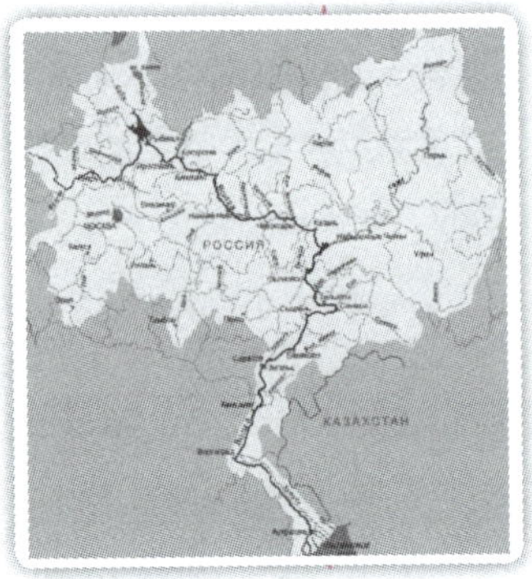

2 伏尔加河上的纤夫

《伏尔加河上的纤夫》是俄罗斯艺术家伊里亚.叶菲莫维奇.列宾的代表作，该画创作于1870~1873年间，描绘了纤夫们的劳动场面，是批判现实主义油画中的杰作，现收藏于圣彼得堡俄罗斯国立美术馆。

1868年列宾和他的同学们外出写生，他们看到了这样一幅画面：在伏尔加河畔酷烈的阳光下，有11个拉着逆流而上的沉重货船的纤夫。他们衣衫褴褛，蓬头垢面，步履缓慢而沉重，精疲力竭。他们的双腿深深地陷在沙子里，头顶耀眼的阳光肆意地照着荒芜的沙滩，这队纤夫拉着纤绳的背带一步一步地往前走，背景是无限蜿蜒的母亲河，和这条无尽艰难的道路。这一幕使列宾感到震惊，从那时起的很长一段时间内，画家一直关注纤夫这个群体。这幅画作上，纤夫们的神态和形象反映出他们或对于命运的屈

невозмутимость или простодушие.

Волга---- любимая русская река. Русский народ называет её <<матушкой ---- рекой>> и поёт о ней чудные песни. Волга---одна из крупнейших рек на Земле и самая большая в Европе. Длина 3692 км. Волга берёт начало на Валдайской возвышенности, сначала она течёт на восток, потом на юг, впадает в Каспийское море. Волга живёт, между Волгой и Доном, а также между Волгой и уралом ---- плодородные русские земли.

Волга — центральная водная артерия России. Волга соединена с Балтийским морем Волго-Балтийским водным путём, Вышневолоцкой и Тихвинской системами; с Белым морем — через Северодвинскую систему и через Беломорско-Балтийский канал; с Азовским и Чёрным морями — через Волго-Донской канал. В бассейне верхней Волги расположены крупные лесные массивы, в среднем и частично в Нижнем Поволжье большие площади заняты посевами зерновых и технических культур. Развиты бахчеводство и садоводство. В Волго-Уральском районе — богатые месторождения нефти и газа. Близ Соликамска — крупные залежи калийных солей. В Нижнем Поволжье —

服，或反抗愤怒，或沉着朴素。

伏尔加河是俄罗斯人民喜爱的河流。俄国人把这条河称作“母亲河”，唱着美妙的歌曲来赞颂她。伏尔加河是欧洲最长的河流，同时也是世界上最长的内流河，全长3,692公里，它发源于瓦尔代丘陵，先向东流，再转而南下，最后注入里海。伏尔加河充满生机，在伏尔加河和顿河，以及伏尔加河和乌拉尔河之间，都是肥沃的俄罗斯土地。

伏尔加河是俄罗斯的中央水路命脉。它通过伏尔加河－波罗的海水路，维什涅沃洛茨克和齐赫文河水系连接波罗的海，通过北德维纳河水系和白海——波罗的海运河接通白海，通过伏尔加河－顿河运河与亚速海和黑海沟通。在伏尔加河上游有大面积森林，中下游流域分布着大面积的粮食和经济作物区域。种瓜业和园艺业非常发达。在伏尔加－乌拉尔地区石油和天然气矿产储量丰富，靠近索利卡姆斯克有丰富的钾盐矿藏，伏尔加河下游地区

поваренная соль.

Волга течет по 13 областям — Тверской, Ярославской, Ивановской, Костромской, Нижегородской, Марийской республики, Чувашии, Татарстану, Ульяновской, Самарской, Саратовской, Волгоградской и Астраханской областям.

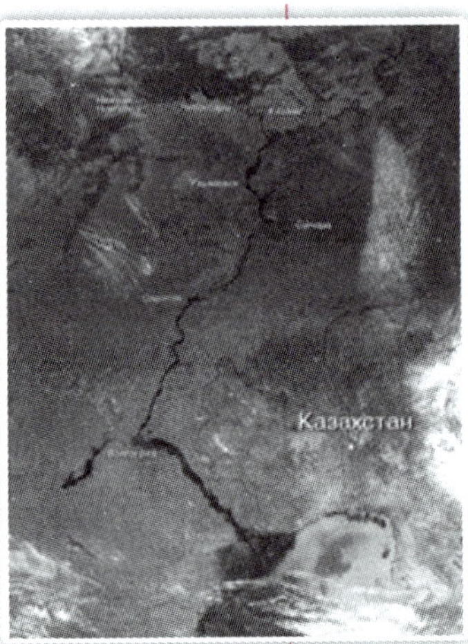

Волга играет исключительную и центральную роль в жизни русской народности, это корень и стержень всего русского народа. Она всегда одушевлена, ей приписываются человеческие качества, а идеальный русский человек должен соответствовать образу этой реки. В литературе и искусстве Волга встречается не слишком часто, но с её образом связаны поистине культовые произведения. В культуре XIX и начала XX века с Волгой связаны наиболее «народные» представители культуры: Николай Некрасов, Максим Горький, Фёдор Шаляпин. Советское искусство в полной мере использовало образ Волги, созданный искусством дореволюционной России. Волга отождествляется с Родиной-матерью, она является символом свободы, простора, широты и величия духа советского человека.

则盛产食盐。

伏尔加河流经俄罗斯13个联邦主体：它们依次是特维尔州、雅罗斯拉夫州、伊凡诺夫州、科斯特罗马州、下诺夫哥罗德州、马里共和国、楚瓦什共和国、鞑靼共和国、乌利扬诺夫斯克州、萨马拉州、萨拉托夫州、伏尔加格勒州和阿斯特拉罕州。

伏尔加河在俄罗斯人民的生活中扮演着特别而又核心的角色，是整个俄罗斯民族的根和中心。她总是富有生命力，和人的本质相联系，理想的俄罗斯人应当符合这条河的形象。在文学和艺术中伏尔加河并不常出现，但是她的形象和宗教祭祀作品关系甚大。在19到20世纪初的文学中，伏尔加河与最具民族性的文学代表密切相连：尼古拉·涅克拉索夫、马克西姆·高尔基、费多尔·夏里亚宾。苏联艺术也总是使用俄国革命前的艺术塑造的伏尔加形象。伏尔加与祖国母亲的形象化为一体，她是苏联人民自由、纯洁、宽广和伟大精神的象征。

Волгоград – один из самых важных городов на Волге. Волгоград называют городам героев. Многие достопримечательности города связаны с его героической историей. В центре Волгограда находится площадь Павших борцов с братской могилой. Аллея героев ведет к центральной набережной с её широкими гранитными ступенями, величественными белыми колоннами, откуда открывается великолепный вид на Волгу. Туристы могут поехать на автобусную экскурсию по городу, совершить путешествие по Волге на катере, посетить Планетарий, музей-панораму «Сталинградская битва».

Вечером любители музыки могут наслаждаться замечательными концертами симфонического оркестра, выступлениями лучших музыкантов, замечательных оперных певцов и артистов России в концертном зале. В Волгограде имеются сотни кафе, ресторанов, баров, современных магазинов. В 2003 году открылся самый большой супермаркет, на 4 этажах которого располагаются множество магазинов, современных бутиков, огромны продовольственный магазин.

"Каждая страна имеет свою национальную реку, - писал французский писатель Дюма. - Россия имеет ВОЛГУ - самую большую реку

伏尔加格勒是伏尔加河流域最重要的城市之一，被称为“英雄之城”。许多名胜古迹都与这座城市的英雄历史有关。在市中心的烈士广场上坐落着无名战士墓。有着宽阔全花岗岩台阶和恢弘的白色花岗岩园柱的英雄林荫道通向中央海滨，从那里可以看到伏尔加河上的壮丽景色。游客们可以乘坐巴士观光城市，或是乘坐快艇游览伏尔加河，参观天文馆、斯大林格勒保卫战全景画纪念馆。

傍晚，音乐爱好者们可以欣赏到美妙的交响乐会，出演的是俄罗斯最优秀的音乐家、歌剧演唱家和艺术家。在伏尔加格勒有数百个咖啡馆、餐馆、酒吧和现代商店。在2003年开了一家最大的超市，超市的四楼上有许多商店、现代精品店和大型杂货店。

“每个民族都有自己的河流，”法国作家大仲马如是说，“俄罗斯有伏尔加，她是欧洲最长的河流，

в Европе, царицу наших рек, - и я поспешил поклонится ее величеству реке Волге!" Видно, Волга не только тесно связана с русским народом, но и оставляет глубокое впечатление у людей за рубежом.

是我们众多河流的女皇。我迫不及待地臣服于伏尔加河的伟岸！”看来，伏尔加河不仅与俄罗斯人民关系紧密，也在世界人民的心中留下了深刻的印象。

单词释义

оборванный	衣衫褴褛的	месторождение	矿床，矿产地
артерия	动脉，交通干线	планетарий	天文馆

文化链接

伏尔加格勒1925年前叫察里津，1589年建城。17世纪初毁于大火，1615年在伏尔加河右岸重建，是伏尔加河流域最古老的城市之一。18世纪起为军事要塞，19世纪后期建成铁路，城市迅速发展，成为俄罗斯南疆重要的工业与商业贸易中心。

伏尔加格勒无论何时都从其独特的地理位置上受益，它是连接欧洲和亚洲陆路和水路交通的枢纽，注定了它担当重要的角色，而这个城市也的确总是在俄罗斯的历史上发挥重要的作用，无论是莫斯科公国、俄罗斯帝国，还是前苏联和俄罗斯联邦。城市最初选在了西伯利亚的大草原上，起名为察里津，建在一个岛屿上，在那儿察里津河流入伏尔加河。把它作为堡垒设计是为了保护俄罗斯东南边界和大伏尔加流域免受游牧民族的侵袭。

一个城市的变迁

苏联革命战争时期，斯大林在这里领导了著名的察里津战役，击溃了来势汹汹的哥萨克白军，对巩固十月革命成果、捍卫初建的苏维埃政权具有重大意义。1925年为纪念斯大林改称斯大林格勒。

1942年7月，德国法西斯先后动用150多万兵力，企图攻占斯大林格勒，切断伏尔加河并控制高加索地区，然后北攻莫斯科。斯大林格勒军民浴血奋战了200多个日日夜夜，将德军全部歼灭，最后迫使德国法西斯停止了战略进攻并且开始走向崩溃。1943年2月2日在斯大林格勒的伟大胜利成了第二次世界大战的转折点，那时法西斯主义的败退已经很明显。斯大林格勒保卫战的胜利从根本上扭转了二次大战的战局，奠定了苏联卫国战争和整个第二次世界大战胜利的基础。

3 Летний дворец Петра I

Летний дворец был построен в стиле барокко по проекту Доменико Трезини в 1710—1714 годах. Это одно из старейших зданий города.

Летний дворец представляет собой двухэтажное здание с высокой кровлей. Главным украшением Летнего дворца были барельефы на стенах. Изображенные на них сюжеты имели двойной смысл: это были мифологические сцены морских сражений, напоминавшие также о победах российского флота в Северной войне. Барельефы выполнены немецким архитектором и скульптором Андреасом Шлютером. Этому же архитектору Петр поручил обустроить внутренние интерьеры дворца, но Шлютер умер, посвятив дворцу всего год своей жизни.

Царь дворцом остался доволен: до того как он был построен, Петр I жил в деревянном домике, для безопасности усадьба была с трех сторон окружена водой. В первом этаже Летнего дворца находились покои Петра, во втором - его жены Екатерины и детей. На первом этаже находилась приёмная царя. Здесь он принимал письменные просьбы и устные жалобы. Рядом с приёмной

3 彼得大帝的夏宫

夏宫是1710~1714年由多梅尼克·特列吉尼设计的巴洛克风格建筑，也是彼得堡的早期建筑之一。

夏宫是一座宏伟的两层建筑物，主要装饰是宫殿外墙的浅浮雕，上面的图画有两层含义——以神话的形式描绘了海战场景，同时又使人们想起俄罗斯海军在北方战争中的胜利。该浮雕是由德国建筑师兼雕刻家安德列斯·施吕特创作的。彼得大帝把宫殿室内装修的任务也交给了他，直至去世，这位雕刻家把生命的最后一年都倾注在了这座宫殿上。

彼得大帝对夏宫很满意，在夏宫建好之前，他一直住在木制宫殿里。宫殿三面环水，加强了安全防护。彼得大帝住在夏宫的第一层，他的妻子叶卡捷琳娜和孩子住在宫殿第二层。一楼有一个接待室，用来受理人们的各种

был обустроен карцер, куда Пётр лично запихивал провинившихся и потом сам же выпускал их. Здесь 14 комнат, две поварни и два коридора. Высота потолков - всего 3,3 метра. На первом этаже также расположены спальня и поварня со столовой, комната для дежурного ямщика и гардеробная. А самым любимым помещением у Петра во дворце была токарная мастерская. На втором этаже здания, кроме гардеробной и комнаты для фрейлин, расположены и детская, а также комната для танцев. Особенно привлекателен Зеленый кабинет, украшенный живописными вставками, лепкой и позолотой. Кабинет императора и поварни украшены уникальными голландскими изразцами, камины - лепными барельефами. Живописно расписаны плафоны кабинета.

Первая система канализации в Санкт-Петербурге появилась именно в Летнем дворце. Вода подавалась в дом насосами, уходила в Фонтанку. В 1777 году наводнение уничтожило каналы вокруг дворца, и система канализации действовать перестала.

Дворец назвали «Летний», потому что царская семья переезжала сюда в мае и жила до октября. С первых лет своего существования Летний сад

书面诉求和口头控诉。接待室旁边是一个禁闭室，彼得大帝会把犯过错的人关进去亲自惩罚。宫殿里共有14个房间，两间御膳房和两个走廊，天花板的高度共有3.3米。一楼还有卧室和带餐厅的厨房，车夫休息室和存衣室。而彼得大帝最钟爱的房间是车床作坊。二楼除了存衣室和仆人休息室外，还有孩子们的休息室及舞蹈房。尤其引人注目的是绿色办公室，装饰着生动的镶嵌画、精美的塑造品和包金。彼得大帝的办公室及御膳房内都贴着独特的荷兰瓷砖，壁炉上塑有浮雕，屋顶的天花板上是精美的彩绘图案。

圣彼得堡的首个下水道就在夏宫里，水通过水泵被输送进宫殿里，流入芳坛卡河。1777年发生的洪水冲毁了宫殿周围的运河，排水系统一度停止工作。

这所宫殿之所以被命名为“夏宫”，是因为皇室在每年的5月至10月来此处避暑。在夏宫建

играл заметную роль в общественной жизни города. В XVIII веке здесь устраивались празднества и иллюминации по случаю побед России в Северной войне, проводились приемы иностранных послов. Летний Дворец - многофункциональный комплекс, гармонично сочетающий в себе ресторан высокой кухни, банкетный зал, концертную площадку, гостиницу и летнюю террасу. Именно здесь чаще всего проводились организованные царем ассамблеи, завершавшиеся прогулками по Летнему саду. Изысканная барочная архитектура и богатое внутреннее убранство Дворца были воссозданы по чертежам знаменитого архитектора Екатерининской эпохи Антонио Ринальди. Персонал дворца имеет богатый опыт в организации и проведении событий различного характера. Ресторан располагает восхитительно украшенными живописью, скульптурами. Объединенные в единое пространство площадью 830 кв.м, залы Дворца позволяют свободно размещать до 800 гостей при конференции. Несмотря на обилие богатого убранства, пространство ресторана сохраняет удивительную воздушность, легкость и наполненность светом. Залы могут быть изолированы друг от друга театральным

成的最初几年里它在城市社会生活中发挥了显著作用。18世纪俄罗斯在北方战争中取得胜利，在夏宫举办了庆祝活动，并为外国大使们举行了招待会。夏宫是一座集美食厅、宴会厅、音乐厅、餐厅和凉台于一体的多功能建筑，沙皇就在这里举办招待会款待来夏宫游览的外国贵宾。华丽的巴洛克建筑风

格和内部豪华装饰是仿造叶卡捷琳娜时期的安东尼·里纳尔迪的设计图建造的，宫殿的侍从们在组织各类大型活动方面有着丰富经验，餐厅里有让人惊叹的装饰画和雕塑。宫殿大厅占地空间830平方米，可在会议时轻松容纳800人。尽管有着大量的陈设摆饰，餐厅的空间保留了超乎寻常的通风性、灵活性和充足的光线。各个大厅之间可以用帷幕隔开，也可以合并成一个大的空间，带有大厅出口的开放凉台

занавесом, или объединены в единое пространство. Открытые террасы с выходом из залов – прекрасная возможность для отдыха гостей и проведения фотосъемки. Террасы также могут быть идеальным местом, чтобы понаблюдать за красочным фейерверком в честь проводимого события. Все вместе это делает Летний Дворец идеальным местом для проведения самых разных мероприятий.

После смерти Петра I и Екатерины I в Летнем дворце долго никто не жил. Одно время в нем проходили заседания Верховного Тайного совета, а потом дворец превратился в место летнего отдыха императорских придворных. Сами цари посещали его редко. Тем не менее, можно сказать, что Летнему дворцу "повезло" больше, чем другим зданиям той эпохи: за триста лет, прошедшие со дня постройки дворца, он практически не перестраивался и не менял свой облик. До наших дней "дожили" не только стены с лепными украшениями, но и основная часть внутренней отделки: изразцовые печи, расписные потолки и художественная резьба на стенах.

给客人们提供了休息和拍照的机会，同时也是观看五彩绚丽的烟花的理想之处。所有这些都使夏宫成为一个举行各种盛事的理想胜地。

彼得大帝和叶卡捷琳娜一世逝世后的很长一段时间内夏宫无人居住，有一段时间最高枢密院会议在夏宫举行，后来夏宫成为了皇族们的避暑胜地，帝王们自己则很少去参观。尽管这样，夏宫比同一时代的其他建筑要“幸运”，自它建成三百年来，几乎没有被重建，保留了最原始的面貌。直到今天，保存下来的不仅仅是装饰有雕刻的墙壁，还有大部分的室内建筑：瓷炉、彩绘天花板和墙壁上的美术雕刻品。

В 60-х годах 20 века произвели полную реставрацию дворца, благодаря чему восстановили множество первоначальных элементов. До сих пор Летний дворец Петра I сохранил уютную домашнюю атмосферу, вэкспозиции музей можно увидеть личные вещи царя, его жены Екатерины, их придворных и фрейлин императрицы. В неизменном виде сохранился кабинет Петра I, столовая и помещения, в которых жили фрейлины Екатерины I. Всё это напоминает туристам о тёмной и уютной семейной атмосфере.

20世纪60年代，夏宫进行了一次全面的修复，从而恢复了许多原始的元素。直到今日夏宫保留了其舒适温馨的气氛，在博物馆的展览中可以看到彼得大帝和他的妻子叶卡捷琳娜以及他们侍从们的私人物品。彼得大帝的办公厅和叶卡捷琳娜的侍女们居住的餐厅和客房都保存得完好无损。这一切都让游客体会到了温暖舒适的家庭气氛。

单词释义

барельеф	浅浮雕
интерьер	室内布置，装饰
канализация	下水道，排水设施
терраса	凉台
убранство	陈设，摆饰

文化链接

也许扩张土地是沙皇俄国的本性，但沙俄的扩张势头在伊凡雷帝之后明显进入低潮，在百余年的时间里保持守势，夺取波罗的海和黑海出海口的夙愿始终是一个美好的梦。这种状态一直保持到彼得大帝的出现。

彼得兴趣广泛、好奇心强的特点从小就已经显示出来。在他幼时的诸多爱好中，有两件对未来有重要影响，一是对航海和造船的强烈兴趣，这使他制定了向海洋发展的国策并建立了一支强大的海军，另一个就是玩军事游戏，他的两个少年游戏兵团后来演变成他最得力的两个近卫军团。1689年，彼得正是利用这两个军团粉碎了其姐索非亚企图废黜他的阴谋，并将索非亚关进修道

俄罗斯帝国的创立者彼得大帝

院，从而掌握了政权。1696 年伊凡五世去世，彼得成为唯一的沙皇。

1697 年，彼得又作出了一个匪夷所思的举动。他以一个下士彼得·米哈伊洛夫的身份，随同一个 250 人的庞大考察团去西欧各国访问，在此期间，他甚至还曾在荷兰的造船厂当学徒以学习造船。实际上这次访问对俄国的未来影响巨大，面对西方的先进科技和制度，彼得心中使俄国变革的朦胧想法因此变得清晰和强烈。回国后，一场巨大的变革在俄罗斯大地上掀起了阵阵风浪。

当几位大臣来问候远途归来的彼得大帝时，彼得突然操起手中的剪刀朝他们的胡子剪去，从而揭开了一系列改革的序幕。在军事方面，彼得实行义务兵役制，引进国外新式武器和战略技术，还建立了一支强大的海军。在经济方面，彼得大力鼓励工商业的发展，允许企业主买进整村的农奴到工厂做工，批准外国人在俄国开办工厂。在政治上，改革的目的是建立完整的中央集权统治，加强工作效率。剥夺贵族领主杜马会议的职能，代之以参政院，下设 11 个委员会负责具体工作；罢黜大教长，代之以宗教院，使教会成为国家政权的一部分；划分行政区域，将全国分为 50 个省。

在文化上，彼得大力引进西方的书籍和生活方式，下令全体臣民不得穿传统的长袍和留大胡子；规定贵族子弟到了一定年龄必须上学，否则不得继承爵位，并选派留学生去西欧学习。他还简化了俄文字母，引进西方历法，建立了俄国第一座图书馆、医院、剧院、博物馆、印刷所，还出版了第一份报纸，亲自担任主编。

彼得一世改革的领域是如此的广泛，就广度来说，几乎超过了世界历史上文明时代的任何一次改革，彼得改革的目的之一就是富国强兵，以打赢与瑞典的“北方战争”。早在西欧考察期间，彼得就与丹麦、萨克森结成反瑞典同盟。1700 年三国联合对瑞典宣战。但一开始战事不利，瑞典先以迅雷不及掩耳之势迫使丹麦退出，接着又在纳尔瓦打败俄军。但彼得大帝不可能认输，他在改革增强了力量之后，重整旗鼓，先后在 1708 年列斯纳亚战役和 1709 年波尔塔瓦战役中打败瑞典好战国王卡尔十二世，尤其是波尔塔瓦一战，彼得亲临前线，给予瑞军以毁灭性打击。1721 年，俄瑞《尼斯塔得条约》签订，俄国夺得了梦寐以求的波罗的海东岸、芬兰湾、里加湾的大片土地，从而获得了出海口。彼得大帝的威名达到顶点。

1703 年，彼得在涅瓦河沿岸地区建立了一座新城——圣彼得堡，后在 1712 年迁都于此。这与他一贯的向西方发展、向海洋发展的战略是一致的。

自从伊凡三世时代开始，俄国便已成为东欧地区的重要力量，俄国有广阔的大后方使它比任何一个国家更经得起打击，但这并不代表俄国一定能发展成为世界性的强国。事实上，在彼得一世时代，俄国的实力只能与瑞典或波兰相当，而要弱于土耳其。但经过彼得大帝的改革之后，俄国成为世界强国的前景已如此明朗。

4 Золотое кольцо России

«Золотое Кольцо» России – это один из самых популярных туристских маршрутов. Маршрут ведет по старейшим русским городам, где сохранились древнейшие достопримечательности – памятники культуры, исторические места. В Золотое кольцо входят восемь основных городов – Сергиев Посад, Переславль-Залесский, Ростов, Ярославль, Кострома, Иваново, Суздаль и Владимир.

Если посмотреть на города на карте, становится ясно, почему туристический маршрут назвали именно так, все они, соединяясь дорогами, выстраивают символический круг, в котором каждый город блистает своей богатой историей и достопримечательностями, а вместе составляют сокровищницу русской культуры. Говорят, что лучший способ понять и познать великую Россию – проехать по ее Золотому Кольцу.

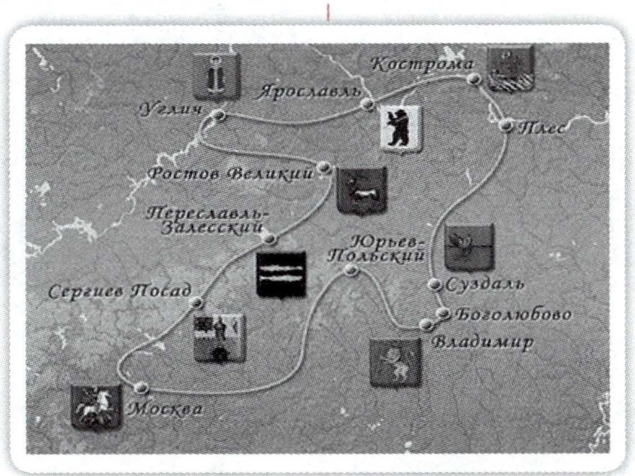

Позже в список включили еще несколько городов, но этот список так и не утвержден до сих пор и является спорным. Маршрут по “Золотому

4 俄罗斯金环

俄罗斯金环——一条很受游客欢迎的环形旅游路线，这条路线经过一系列保存了古老历史文化古迹的城市。“金环”主要包括以下8座城市：谢尔盖巴萨德、佩列斯拉夫尔－札列斯基、罗斯托夫、雅罗斯拉夫、科斯特罗马、伊万诺沃、苏兹达尔和弗拉基米尔。

如果在地图上看这些城市，你就会明白为什么要这样命名这条旅游路线。这些城市连起来成为一个环形，每个城市都以其丰富的历史古迹而熠熠生辉，它们连起来又共同构成了灿烂的俄罗斯文化宝库。因此有人说，了解这个伟大国家的最好的方式就是绕着金环游览一圈。

后来“金环”城市的名单里又增加了几个城市，但这个名单

Кольцу России” подходит для любого времени года. Путешествие по Золотому Кольцу дает возможность всем, кто интересуется историей, культурой и сегодняшним днем России, познать ее древнюю столицу и другие города, на которых прошедшие столетия оставили свой след.

Золотое Кольцо славится шедеврами народного искусства. В музеях многих городов собраны образцы старинных художественных промыслов: резьба по дереву и кости, изделия искусных кружевниц и ювелиров, лаковая миниатюра и живопись по эмали и многое другое. Если вы собрались в путешествие по Золотому Кольцу России, то стоит уделить как минимум по два дня на знакомство с каждым из городов. Удобнее всего путешествовать по маршруту на собственном автомобиле, найти гостиницу не составит никакого труда, зато вы не будете привязаны ни к какому из экскурсионных маршрутов, которые составляются наспех, и не позволяют познать всю красоту Золотого Кольца.

Ростов— один из старейших городов России, самый популярный город Золотого Кольца. Громадный культурный потенциал города сделал его одним из больших центров туристического

至今还存在争议，尚未确定。一年当中的任何时候都可以来“俄罗斯金环”路线游览，这样的旅行给那些对历史文化和对当今俄罗斯感兴趣的游客们提供了一个了解首都及其他城市的机会。

金环以其璀璨的民间艺术而闻名，在许多城市的博物馆里收藏着古老工艺品的样品：木雕和骨雕，熟练的花边女工和珠宝匠们的手工制品，漆画和珐琅画及许多其他工艺品。如果你的旅行计划中有俄罗斯金环，那么每一座城市都要花上至少两天。自驾游出行最为方便，你可以毫不费力地找到旅店，不去依赖任何一条旅游路线，那些既定的路线太过匆忙，无法让人完全领略金环之美。

罗斯托夫是俄罗斯最古老的城市之一，也是金环上最受欢迎的一座城市。巨大的文化潜力使它成为旅游朝圣中心之一。其中

палoмничества. Одним из важнейших памятников является ландшафт озёрной котловины и богатый памятниками археологии.

Следующий город в составе Золотого Кольца России – Сергиев Посад. Город знаменит прежде всего благодаря ансамблю монастыря Троице-Сергиева лавра. Все достопримечательности Сергиева Посада так или иначе связаны с Троице-Сергиевой лаврой. Город на самом деле уникален, и ежегодно привлекает десятки тысяч туристов.

В Золотое Кольцо России Переславль-Залесский входит благодаря богатому историческому и культурному наследию. В городе шесть монастырей, Спасо-Преображенский собор XII века, шатровая церковь Петра митрополита и множество других церквей. В центре Переславля сохранился городской вал, окружающий исторический центр города.

Ярославль — древнейший город Золотого Кольца России, один из красивейших городов Поволжья. На территории Ярославля находятся 140 памятников архитектуры и достопримечательностей. Ярчайшие достопримечательности Ярославля — Спасо-Преображенский монастырь и Церковь Ильи

最重要的古迹是盆地景观和丰富的考古遗址。

金环上的下一个城市是谢尔盖·巴萨德，这个城市首先以圣三一圣塞尔吉乌斯修道院著名，谢尔盖·巴萨德的所有名胜古迹和这

所修道院都有着些许联系。这所独一无二的城市每天都吸引着成千上万的游客。

佩列斯拉夫尔–札列斯基位于金环之列得益于这座城市丰富的历史文化遗产。城市中有6座教堂，建于12世纪的主显圣容教堂，彼得府主教大教堂和许多其他教堂。佩里斯拉夫尔市中心是环绕着历史中心的城市墙。

雅罗斯拉夫是金环上最古老的城市，也是伏尔加河地区最美丽的城市之一。雅罗斯拉夫有140座建筑和古迹，最辉煌的景点有斯巴索—主显圣容修道院和伊利亚·普

Пророка.

Кострома-—административный центр Костромской области, крупный речной порт. Кострома расположена в 330 км к северо-востоку от Москвы. Самый известный памятник —— Ипатьевский монастырь, который был построен в 1330 году.

Город Суздаль является музеем-заповедником, охраняемым государством и ЮНЕСКО. Древнейшей частью города является ядро Суздаля – Суздальский Кремль. Кремль сохранил земляные валы и рвы древней крепости, несколько церквей. Жизнь в городе была неспешной. Горожане традиционно занимаются садоводством и огородничеством, ведут среднюю и мелкую торговлю. Промышленность невелика - в основном текстильная и обрабатывающая - переработка сельскохозяйственной продукции.

Владимир также входит в утвержденный список городов Золотого Кольца. Всего во Владимире 239 охраняемых государством зданий XVIII—XIX веков. Среди достопримечательностей Владимира — Владимиро-Суздальский

罗罗克教堂。

科斯特罗马是科斯特罗马地区的行政中心，是伏尔加河上的一个大港口。科斯特罗马位于莫斯科东北方向330千米处，最著名的古迹是建于1330年的伊帕季耶夫修道院。

苏兹达尔是受俄罗斯和联合国教科文组织保护的博物馆城市。城市最古老也是最核心的景观是苏兹达尔克里姆林宫。克里姆林宫里保存着土城墙和古堡的护城河，几座大教堂。这个城市的节奏较为悠闲，市民们从事着传统的园艺栽培和中小型贸易。工业规模不大，主要是纺织品制造业和农产品加工业。

弗拉基米尔也在确定的金环名单之内，弗拉基米尔共有239处18、19世纪的国家保护文物。在这些名胜古迹当中有弗拉基米尔—苏兹达尔历史与艺术博物馆、圣母安息大教

историко-художественный музей-заповедник — музей, объединяющий экспозиции и интерьеры Успенского и Дмитриевского соборов, музей «Старый Владимир», военно-историческую экспозицию в Золотых воротах, и др.

В последнее время в городах Золотого кольца России интенсивно развивается туристический бизнес, поэтому практически в любом городе можно найти приемлемую гостиницу, кафе или ресторан. По этой же причине цены на данные услуги довольно велики, особенно во Владимире и Суздале. На осмотр основных достопримечательностей в одном городе обычно достаточно одного дня, но если вы хотите посетить все музеи и окрестности, то можете смело останавливаться в городе на неделю и познать всю красоту каждого города Золотого Кольца.

堂、德米特里耶夫教堂、老弗拉基米尔博物馆、金色大门军事历史展览等等。

近几年来俄罗斯金环上的各座城市旅游业迅猛发展，因此你几乎可以在任何一个城市找到合适的酒店、咖啡馆或者饭店。也正基于此，金环城市的服务消费相当大，尤其是在弗拉基米尔和苏兹达尔。通常情况下参观一座城市的主要景点一天时间就够了，但如果你想把所有的博物馆和周边城郊都参观一遍，那么你可以在城市里停留一周的时间，充分享受俄罗斯金环上每座城市的美丽景致。

单词释义

миниатюра	小型彩画
ландшафт	地形、景观
заповедник	文物保护区
садоводство	园艺
экспозиция	展览、陈列品
паломничество	朝圣
огородничество	蔬菜栽培
текстильный	纺织品的

文化链接

在离莫斯科东北方向220公里处，有个童话般的美丽城市——苏兹达尔。苏兹达尔一共有11个修道院，25所教堂，都是12世纪和17世纪的建筑，城市本身就是个立体的大修道院和教堂的完美建筑群。沿街布满农舍，那就是典型的俄罗斯“达切亚”，那些民宅都是用粗大的原木建造的，屋檐和窗框上有着精美的刻花雕饰，在木制篱笆后面，每栋房子都按照主人的喜好刷着不同的颜色，但大多数人家的窗框颜色是雪白的。房子与房子间是果园和花园，这样既方便人们相互交流，又形成了自然的分界线。

远处是高达几十米的教堂塔顶和钟楼，而居民楼只有7到8米高，钟楼高高地突兀在穹苍之中，与周围低矮的房屋形成鲜明的对比。据说正是苏兹达尔的工匠们想出了把钟楼建成凹角锥的形状，该形状不仅独特优雅，还重复着葱头型教堂圆顶的轮廓。

苏兹达尔——美丽的童话世界

在这里，最出众的教堂是位于卡缅卡河弯处桥附近的卡基马和基米扬教堂。对摄影家和画家来说，具有水中倒影的美景建筑物，是常用的题材。这里最高的建筑物是里兹波洛任修道院，是因修女对宗教所做的贡献而著名。修道院里16世纪的3个圆顶教堂和双幕状圣门都是引人注目的历史文物，而古典式风格建造的72米高的修道院钟楼，据传是根据市民的愿望，为纪念1812年俄罗斯卫国战争的胜利而修建的。

如今的克里姆林宫城堡，曾是中世纪形成的苏兹达尔格局的最早核心。教堂、宫殿，以及与其有关的钟楼的拱形走廊，形成了其整体的一致性，使其不亚于意大利的闭合式宫殿。沿着土堆环在克里姆林宫散步，可以望见卡缅卡河对岸的郊区，修道院建筑群以及独立的文物所组成的交相辉映的美丽景致，透过茂密的树冠，可以看到18世纪木制的鱼鳞片式的圆顶教堂，以及在其旁的木制风车的翼片。在这里，风车、教堂与农舍、粮仓等，使得木制建筑艺术和农民生活习俗完美地融为一体。在一些农舍里，收藏着家庭日用物品，就好似这里仍住着操持着家务的主人，只是刚刚离去而已。

苏兹达尔是一个和大自然融为一体的集俄罗斯古代宗教、文明、传统于一身的美丽城市，它的宁静和古老是白色、圣洁的，人在这里，宛若置身于洁白的、梦幻般的童话世界中。

5 Белые ночи — визитная карточка Петербурга

Санкт Петербург имеет множество символических названий. Его называют Северной Венецией, за обилие рек и каналов. Северной Пальмирой, за неповторимую красоту. Северной столицей, так как на протяжении более 200 лет, город выполнял функции российской столицы. Но наиболее часто можно услышать, как Санкт – Петербург называют «Городом белых ночей».

Белая ночь — это слияние вечерних и утренних сумерек. Пушкин в предисловии к поэме "Медный всадник" воспел белую ночь в городе Петра. При этом он верно определил сущность этого астрономического явления:

И, не пуская тьму ночную
На золотые небеса,
Одна заря сменить другую
Спешит, дав ночи полчаса.

Именно в период белых ночей Петербург пронизан романтическим настроением, горожане и гости ненадолго забывают про будничную суету и превращаются в мечтателей.

5 白夜——圣彼得堡的名片

圣彼得堡有许多有象征性的名称。圣彼得堡因其丰富的河流和运河被称为“北方的威尼斯”。其无与伦比的美丽又赋予了她“北方的巴尔米拉”的美誉。在两百多年的时间里，圣彼得堡曾是俄罗斯的首都，所以她也被称为“北方的首都”。但我们最常听说的还是人们把圣彼得堡誉为“白夜之城”。

白夜——夜幕与晨幕的交接。普希金在长诗《青铜骑士》的序言里赞咏过彼得之城的白夜。他的赞咏准确地定义了这个天文现象的实质。

在金光灿烂的天空，当黑夜
还来不及把帐幕拉上，
曙光却已一线接着一线，
让黑夜只停留半个钟点。

在白夜期间，圣彼得堡充满了浪漫气息。圣彼得堡人和这儿的客人们暂时忘记了繁忙的日常生活，变成了梦想家。在白夜的

На фоне белых ночей знаменитые ансамбли, дворцы, храмы, мосты и памятники города не только поражают внешним обликом, но и создают внутренне незабываемое ощущение сказочности и нереальности, когда кажется, что исполнятся все желания.

Как правило, период белых ночей «открывается» двадцать пятого или двадцать шестого мая. Именно в это время утренние сумерки почти полностью сливаются с вечерними, а солнце опускается за горизонт всего на девять градусов или меньше. Если говорить конкретно о Санкт-Петербурге, то здесь белые ночи наступают десятого-одиннадцатого июня и продолжаются до начала июля, то есть, почти три недели. Примерно к двадцать первому июня глубина погружения солнца под горизонт становится минимальной, и результат не заставляет себя ждать: в это время продолжительность дня в Санкт-Петербурге составляет больше двадцати одного часа! Это время считается самым светлым, и ночью вам вряд ли удастся разглядеть на небе яркие звезды.

氛围中，城市里著名的建筑群、宫殿、教堂、桥梁和纪念碑不仅以其外在的风貌让人惊叹，而且营造出内在令人难忘的童话般梦幻的感觉，仿佛所有愿望都实现了。

通常白夜季开始于5月25号或者26号。此时，早晨的曙色和傍晚的暮色几乎完全融合在一起，太阳落到地平线下只能达到9度或者更小。如果具体说到圣彼得堡，那么这里的白夜开始于6月9号至11号，持续到7月初，也就是大概3周的时间。在6月21号前夕，太阳在地平线下的深度是最小的，很快白夜就出现了：这段时间里圣彼得堡的日长超过了21个小时！此时是最亮的时刻，夜晚你未必

Солнцестояние длится ровно три дня, а затем продолжительность дня идет на убыль.

Белые ночи весьма распространенное природное явление, которое наблюдается во многих городах мира. В России белые ночи бывает в нескольких городах. Но только Санкт – Петербург получил символическое название «Город белых ночей», во многом благодаря литературе.

Образ Белых ночей популярен в искусстве и коммерции. Одно из произведений великого русского писателя Ф.М. Достоевского носит название «Белые ночи». Лукино Висконтиснял по нему одноименный фильм. Под торговой маркой «Белые ночи» в Санкт-Петербурге выпускают кондитерские изделия, работают рестораны, даже санаторий.

Белые ночи давно стали символом Санкт-Петербурга. Толпы туристов из разных городов и стран приезжают в Северную Венецию, чтобы увидеть белые ночи, погулять в легких сумерках по изящным улицам центра города Санкт-Петербург, по Невскому проспекту. В период белых ночей экскурсии в Санкт-Петербурге проводятся круглосуточно. Очень интересно будет пройтись по одним и тем

能看到闪烁的星星。白夜会持续整整 3 天，之后日长会逐渐缩短。

白夜是一个十分普遍的自然现象，在世界其他许多国家都能见到白夜。俄罗斯也有许多城市都有白夜景观。但是由于圣彼得堡的文化因素，只有她赢得了“白夜之城”这个具有象征性意义的美誉。

白夜的形象在艺术和商贸界都十分流行，俄罗斯伟大的作家陀思妥耶夫斯基的作品之一就叫做《白夜》。卢基诺·维斯肯迪拍摄了同名电影。在圣彼得堡生产白夜牌的甜点制品，还有白夜饭店，甚至白夜疗养所。

白夜早已成为圣彼得堡的象征。大量来自不同城市和国家的游客来到北方威尼斯，就为了领略白夜的风采，在淡淡的暮色中漫步于圣彼得堡市中心的优雅街道和涅瓦大街。白夜期间，人们昼夜游览圣彼得堡。在一昼夜的不同时间里漫步在同样的地方是十分有趣的。在暮光中，建筑看起来别有一番风

же местам в разное время суток. В свете ночных сумерек здания выглядят совсем по-другому. Каждый камень, каждая улочка и проезд переполняются какой-то мистической таинственностью.

Более привлекательное зрелище и очередной символ Санкт-Петербурга – разводные мосты. В Петербурге вообще мостов много – 300, из них разводных – 20. На Дворцовом мосту вы сможете увидеть развод моста в сумерках белых ночей Санкт-Петербурга.

В период белых ночей туристов влечет в Санкт-Петербург и его культурная жизнь. Именно тогда в город съезжаются известные музыканты и актеры, здесь проводится множество фестивалей и выставок. В начале лета школьники и студенты заканчивают учебу. Поэтому белые ночи – это еще и время выпускных балов. Вступлению во взрослую жизнь посвящен фестиваль "Алые паруса", который каждый год проводится в Санкт-Петербурге. Для любителей бальных танцев в Питере

味。每一块石头、每一条小路和小巷都充满了某种神秘的色彩。

更加有意思的一个场景，也是圣彼得堡惯常的一个象征——开启桥。总体上来说，在彼得堡有300座桥，其中可以打开的有20座。在宫廷大桥上你们能在圣彼得堡白夜暮色中看到大桥的开启。

白夜期间，游客们被圣彼得堡及其文化生活吸引着。这段时间里，许多著名的音乐家和演员会来到圣彼得堡。这里将举办大量的艺术节和展览会。夏初时节是中学生和大学生结束学期的时候。因此，白夜还是举行毕业舞会的季节。在圣彼得堡，每年都会进行纪念成人礼的“红帆”艺术节。对于芭蕾爱好者来说，圣彼得堡会组织

организовывается фестиваль "Танго белых ночей". В нем принимают участие знаменитые танцевальные пары и просто любители. А музыкально-театральный фестиваль "Белые ночи" проводится здесь еще с конца 50-х годов.

Благодаря такому уникальному феномену природы, как белые ночи, Санкт-Петербург привлекает тысячи туристов, как из других городов России, так и из других стран. Именно в начале лета сюда съезжаются многочисленные любители народных гуляний и музыкальных фестивалей, ведь само понятие «гулять до утра» попросту растворяется в белых ночах.

“白夜探戈”艺术节。一些著名的舞者和爱好者都会参与其中。而音乐戏剧节“白夜”早在50年代末就在这里开始举办了。

多亏了像白夜一样的自然现象，圣彼得堡吸引着数千海内外的游客。初夏，许多游园会和音乐节的爱好者会来到这里，要知道“玩到天亮”这个概念在白夜里简直被诠释得淋漓尽致。

单词释义

Венеция	威尼斯	изящный	优美的
обилие	极多、富足	зрелище	景象
ансамбль	布局整齐匀称的建筑群	балов	舞会
убыль	陷入	алый	红色的
погружение	减小	феномен	现象
кондитерский	做糖果点心的	гулянье	游园会
санаторий	疗养院		

文化链接

每年的6月21日是俄罗斯圣彼得堡的“夏至”，又称“白昼节”。以后的几天，圣彼得堡一天有23个小时的白昼，凌晨时分，一些人走上圣彼得堡街头，体验平日里白天所没有的宁静，放眼望去。你会看到举世闻名的冬宫展现出非凡的气派与豪华。

圣彼得堡的白昼节

事实上，即使是在一天中那唯一的一小时“黑夜”里，太阳也并非真正“落山”。天边还会透出微薄的光亮。这种独特的景象每年都会吸引来自世界各地的大批游客。圣彼得堡是世界上少数有“白夜”的城市，因为位于北纬60度。仲夏时节日照接近20个小时，在六七月间，夕阳西下与旭日东升之间那短暂的间隔几乎让人无法分辨。白夜时漫步在静静的涅瓦河畔，看着街上的人们无需掌灯，便可在凌晨时分于街上读书看报，着实是一番神奇的景象。

“白夜”是圣彼得堡的奇观，持续一天的白夜现象非常壮观，让人惊奇。4月末开始在深夜里同时开启13个跳开桥，抬起沉重雄壮的铁造物的同时，大桥周边和河上停靠的游船上开始庆典。

白夜时，点燃的火花和优美的音乐沸腾了整个圣彼得堡的气氛，在最初公演柴科夫斯基创造的三大芭蕾舞曲《天鹅湖》、《胡桃夹子》、《睡美人》的马林斯基歌剧院举行“白夜之星”文化艺术综合庆典，世界顶级的基洛夫芭蕾舞团展现传统古典芭蕾、现代芭蕾等各种项目，优美的旋律和芭蕾舞演员的演技更加照耀白夜的星空，这是一个通过观赏世界顶级的芭蕾舞表演认识芭蕾魅力的绝好机会。

在圣彼得堡市诞生纪念日5月26日(1703年)举行了第8届白夜庆典嘉年华，市中心道路涅瓦大街上举行热闹的化妆游行和华丽的时装展览、军乐队游行、放火花等大规模活动，游客和表演者融为一体庆祝白昼节。

与冬宫相对的彼得保罗要塞建立在涅瓦河的小岛上，沿着要塞前面的高墙铺开着沙滩，每年白夜庆典时世界各国的雕塑家们在这里展示沙滩雕塑作品，人们聚集在各种模样的沙滩雕塑旁边享受着日光浴。

要塞前的江河上举行各种水上摩托和快艇比赛，沿着涅瓦河飞奔的无数个快艇为白夜增添梦幻般的色彩，在快艇和水上摩托上度过的白夜会是人生旅途中的美好回忆。